INTRODUÇÃO AO **SHUAIJIAO**

INSTITUTO PHORTE EDUCAÇÃO
PHORTE EDITORA

Diretor-Presidente
Fabio Mazzonetto

Diretora-Executiva
Vânia M. V. Mazzonetto

Editor-Executivo
Fabio Mazzonetto

Diretora Administrativa
Elizabeth Toscanelli

CONSELHO EDITORIAL

Educação Física
Francisco Navarro
José Irineu Gorla
Paulo Roberto de Oliveira
Reury Frank Bacurau
Roberto Simão
Sandra Matsudo

Educação
Marcos Neira
Neli Garcia

Fisioterapia
Paulo Valle

Nutrição
Vanessa Coutinho

MARCELO MOREIRA ANTUNES

INTRODUÇÃO AO **SHUAIJIAO**

TEORIA E PRÁTICA

São Paulo, 2014

Introdução ao Shuaijiao: teoria e prática
Copyright © 2014 by Phorte Editora

Rua Treze de Maio, 596
Bela Vista – São Paulo – SP
CEP: 01327-000
Tel./fax: (11) 3141-1033
Site: www.phorte.com.br
E-mail: phorte@phorte.com.br

Nenhuma parte deste livro pode ser reproduzida ou transmitida por qualquer meio, sem autorização prévia por escrito da Phorte Editora Ltda.

CIP-BRASIL. CATALOGAÇÃO
SINDICATO NACIONAL DOS EDITORES DE LIVROS, RJ

A642i

Antunes, Marcelo Moreira
    Introdução ao Shuaijiao: teoria e prática / Marcelo Moreira Antunes. – 1. ed. –
São Paulo : Phorte, 2014.
    204 p. : il. ; 22 cm.

    Inclui apêndice
    Inclui bibliografia
    ISBN 978-85-7655-504-9

    1. Luta (Esporte). 2. Luta corporal. I. Título.

14-10423   CDD: 796.8123
                                 CDU: 796.81

ph1974

Este livro foi avaliado e aprovado pelo Conselho Editorial da Phorte Editora.
(www.phorte.com.br/conselho_editorial.php)

Impresso no Brasil
Printed in Brazil

DEDICATÓRIA

Dedico esta obra à memória do meu grande amigo e aluno Luiz Gustavo Coelho, vulgo Vavá. Pela amizade e pelo incentivo para a realização deste trabalho, e pelo bom humor inteligente que sempre nos alegrava e motivava.

AGRADECIMENTOS

Ao Grão-mestre Chan Kowk Wai, por seus ensinamentos, sua paciência e seu senso de justiça ao longo de todos os anos de estudo do *Wushu* ao seu lado.

Ao Mestre Nereu Graballos, pelos conselhos e pelo exemplo de conduta marcial que sempre me inspirou.

Ao professor Roberto Baptista, primeiramente, por ter iniciado meus estudos sobre o *Shuaijiao* e, também, pela sempre presente amizade.

Ao Mestre Kao Chian Tou, pelo apoio e pela orientação em minhas estadas na China.

Aos meus alunos Eberhart Portocarrero Gross e Bruno Burh, pelo empenho e pela disponibilidade em me ajudarem na realização das fotos deste livro.

Ao meu aluno Ricardo Wolf Jordão, pelo competente trabalho de fotógrafo desta obra.

À Gabriela Heliodoro, por seu competente trabalho de preparação das fotos usadas neste livro.

E, finalmente, a todos os amigos e alunos que, de forma direta e indireta, incentivaram e apoiaram a realização deste trabalho.

APRESENTAÇÃO

Ao longo dos meus 25 anos de prática nas artes marciais chinesas, sempre me deparei com a necessidade de esclarecer questões, teóricas e práticas, que surgiam no decorrer dos treinos e que nem sempre foram fáceis de responder. A razão dessa dificuldade se fundamenta, basicamente, na quase inexistência de bibliografia disponível e de fontes confiáveis para realizarem as pesquisas e leituras fundamentais para a ampliação do conhecimento acerca das artes marciais chinesas e de seus aspectos culturais.

Com a abertura do Brasil para o mercado externo, no início da década de 1990, a possibilidade de se adquirir obras produzidas em língua inglesa, francesa ou espanhola aumentou, apaziguando as ansiedades dos pesquisadores, ávidos por informações sobre o tema, ilhados, até então, em um sistema governamental que regulava mesmo a cultura. Ainda que diante de tal abertura, as obras que contemplavam a cultura chinesa fossem escassas e, quando apareciam, recheadas de estereótipos, que lançavam um véu de mistério sobre essa civilização tão distante.

Livros sobre budismo, taoísmo e confucionismo já eram comuns antes da abertura comercial, mas esse tipo de literatura apenas contempla uma parte da cultura que compõe as artes marciais chinesas. Faltava ainda muito mais. A ausência de fontes fidedignas, aliada à dificuldade com o idioma chinês e aos filmes sobre as artes marciais chinesas que povoaram os cinemas nas décadas de 1970 e 1980, ajudou a criar um ambiente de mistério e exotismo em torno dessa cultura, que, para nós, era totalmente desconhecida. Informações sobre as artes marciais chinesas eram raras e, muitas vezes, questionáveis. Mesmo com os primeiros mestres chineses ensinando, no Brasil, desde o final da década de 1950, o ambiente de mistério persistiu por muito tempo e ainda persiste em alguns lugares. Talvez por uma questão de resistência cultural, muitos deles ainda hoje não falam a língua portuguesa adequadamente, o que influencia diretamente a compreensão do que é ensinado para seus alunos brasileiros. Esse fato causou, e ainda causa, o que podemos chamar de *hiato cultural*, que dificulta o entendimento amplo da cultura chinesa vinculada às artes marciais por parte de seus praticantes brasileiros, permitindo interpretações equivocadas e até o mau uso dessa cultura. A isso, Burke e Hsia (2009) chamam de *tradução da cultura*. Esse fenômeno é comum quando culturas distantes ou diferentes têm de conviver em um mesmo nicho social.

Apesar de passados todos esses anos desde a abertura ao comércio exterior no Brasil, ainda é reduzido o número de obras produzidas por autores brasileiros, ficando o mercado concentrado em obras traduzidas de autores estrangeiros, principalmente americanos ou chineses naturalizados americanos, que para lá iniciaram um processo migratório durante a década de 1950, que ainda prossegue. Obviamente, esse processo migratório se faz com mais ou menos intensidade, dependendo das configurações políticas internacionais vigentes à época. Pode-se verificar a ampla produção americana de obras acerca das artes marciais chinesas em uma rápida consulta ao *site* de vendas Amazon, mas a maioria delas ainda não estão disponíveis no Brasil, apesar do número expressivo de praticantes brasileiros, cerca de 230 mil, de acordo com DaCosta (2006). Nesse mesmo *site*, temos a possibilidade de identificar obras chinesas já traduzidas para outros idiomas, principalmente as publicadas pela editora estatal chinesa Foreign Languages, que, desde o fim da década de 1980, iniciou um trabalho de tradução de obras para divulgação de sua cultura entre outros povos como parte da política chinesa de abertura econômica, capitaneada por seu líder, na época, Deng Xiaoping.

Tal cenário estimulou o início da produção da presente obra, que tem por objetivo contribuir, ainda que inicialmente, para o preenchimento da lacuna existente sobre a cultura das artes marciais chinesas no Brasil. Minha atuação no ensino superior, e por consequência na área da pesquisa, obriga-me a seguir um caminho mais acadêmico para este trabalho. Esse rigor é necessário, mesmo que, por vezes, afaste-me um pouco desse rumo, para utilizar a minha experiência como praticante e professor de artes marciais chinesas, no relato de fatos e na apresentação de comentários que considero pertinentes a uma obra dessa dimensão. Portanto, este trabalho é uma mescla da experiência vivida, apoiada sobre a produção acadêmica vinculada ao tema, pois somente assim se teria a sustentação teórica necessária para que esta obra não caísse na mesmice da ausência de fundamentação teórica, a exemplo de algumas obras sobre artes marciais produzidas no Brasil.

O *Shuaijiao* (摔跤) foi escolhido como tema desta obra por dois motivos principais. O primeiro deles é por se tratar da modalidade de luta mais antiga dentro das artes marciais chinesas, o que permite identificar a ancestralidade destas e o seu posicionamento cronológico no contexto histórico chinês. O segundo motivo é por ser o *Shuaijiao* a modalidade de arte marcial chinesa mais recentemente introduzida no Brasil, o que propicia um acesso às informações de forma mais direta e imediata, não demandando pesquisas de longo prazo para a coleta de dados necessários à confecção da obra.

O presente trabalho é composto de oito capítulos, divididos entre duas partes. A primeira parte trata de questões teóricas sobre o *Shuaijiao* e contém cinco capítulos. O primeiro é sobre a história do *Shuaijiao*, no qual é traçada a evolução do *Shuaijiao* como uma das artes marciais mais importantes da história da China, seus personagens mais significativos, os fatos mais relevantes e os desdobramentos que levaram essa modalidade a ser conhecida e praticada no Ocidente nos dias atuais. O segundo capítulo contém o conceito e a descrição dos estilos de *Shuaijiao* existentes na China, em tempos antigos e nos atuais. O terceiro capítulo apresenta o sistema de graduação e os motivos que fundamentaram sua criação, tendo em vista que a graduação não é uma prática comum na China e nas escolas de artes marciais tradicionais ou clássicas. O quarto capítulo trata dos conceitos e dos princípios aplicados ao *Shuaijiao*, no qual se faz uma aproximação dos conceitos da biomecânica e do conhecimento clássico sobre sua prática. O quinto capítulo é composto por cinco subitens, que são: atividade física e saúde; ética marcial; local de treino; roupa de treino; e *Shuaijiao* e Judô: principais diferenças. O primeiro relaciona a prática do *Shuaijiao* e a manutenção e promoção da saúde do praticante. O segundo se refere ao conceito de ética desenvolvido nas artes marciais chinesas. O terceiro relaciona-se ao local onde são desenvolvidas as práticas do *Shuaijiao* na antiguidade e na atualidade. O quarto é relativo à roupa adequada para a prática do *Shuaijiao*, suas diferenças e características. O quinto e último item é composto de uma análise comparativa introdutória entre o *Shuaijiao* e o Judô, que objetiva traçar as diferenças e similaridades geradas pela proximidade de objetivos que ambas as modalidades têm.

A segunda parte desta obra foca as questões técnicas da modalidade e está dividida em três capítulos. O sexto capítulo trata das técnicas básicas do *Shuaijiao*, que estão divididas em grupos de acordo com a graduação e o nível de dificuldade de execução. O sétimo capítulo trata do treinamento para o condicionamento físico necessário à prática do *Shuaijiao*, seus equipamentos e suas possibilidades de uso. O oitavo capítulo apresenta as regras gerais para as competições esportivas de *Shuaijiao*. As regras apresentadas são as oficialmente utilizadas na República Popular da China, mas podem sofrer pequenas modificações de acordo com o objetivo e o local das competições.

Vale reforçar a ideia de que este livro não foi escrito com o objetivo de servir de manual para a aprendizagem das técnicas ou para substituir um professor. A orientação de um especialista experiente e com boa formação em *Shuaijiao* não deve ser descartada ou negligenciada, pois os detalhes da utilização das técnicas e do treinamento não podem ser demonstrados em fotos, esquemas ou descrições publicadas em um livro.

A presente obra pretende, sim, ser um guia referencial para orientar uma aproximação preliminar do praticante com a modalidade, seja através de seus conteúdos técnicos, quando permite a identificação dos nomes e dos princípios utilizados, seja por meio dos conteúdos teóricos em que a história, a evolução e as características culturais dessa modalidade podem ser compreendidas. Portanto, esta obra tem caráter informativo, que permitirá ao leitor se aproximar inicialmente dos conhecimentos que compõem essa modalidade, antiga em sua origem, mas jovem em sua difusão no mundo ocidental.

PREFÁCIO

Conhecer o *Shuaijiao* por meio desta obra do professor Marcelo Moreira Antunes é, também, entender as artes marciais em suas perspectivas e sua evolução. As informações e as reflexões que seguem são tratadas de forma séria e trazem, simultaneamente, uma aproximação cada vez mais acessível à sua prática, de forma prazerosa e viável diante das necessidades sociais contemporâneas.

Interpretar esta prática (a do *Shuaijiao* e das artes marciais de forma geral), por sua vez, é tarefa reservada a poucos, pois entender uma "área" agregada ao desenvolvimento motor (que está dentro de um contexto em que tempo e espaço trazem especificidades de um povo e de sua cultura) e inserir-se nela é também aprender a diferenciá-la dos atuais conceitos e práticas que norteiam a Educação Física e o esporte com a perspectiva de conectá-los.

Assim, o autor apresenta nesta obra não apenas uma notável pesquisa sobre um assunto que merece o destaque necessário dentro das artes marciais chinesas, mas traz, também, uma análise crítica que busca o ajuste entre a prática do *Shuaijiao* e sua compreensão, buscando representá-lo, inclusive, nas esferas educativas e de treinamento como uma perspectiva de prática esportiva.

Nesta obra, portanto, nota-se equilíbrio e cuidado no tratamento das informações de uma modalidade de luta que é, simultaneamente, a mais antiga arte marcial chinesa e uma das mais recentes no Brasil.

Destaca-se, ainda, o fato de que o professor Marcelo Antunes agregou a esta obra suas pesquisas e suas experiências, teóricas, práticas e oriundas de personagens ligados ao *Shuaijiao* e que fazem parte do seu convívio.

Dessa maneira, vale frisar o momento em que o professor Marcelo resolveu finalizar esta contribuição literária, à qual se dedica há muito tempo. Somam-se aqui a sua experiência como praticante e professor de *Shuaijiao* e como professor universitário, e sua dedicação aos estudos em sua tese de doutorado. Foi um momento com ritmo intenso, no que se refere à sistematização de suas propostas pessoais e profissionais, da qualificação de seus atuais e futuros compromissos.

Por fim, entende-se que experimentar a leitura sobre o *Shuaijiao* é "viajar" pelo tempo, do passado ao futuro, com a prerrogativa de irmos muito além dos ensinamentos que se iniciaram com as artes marciais chinesas, adequando-os como possível instrumento esportivo e educacional, de maneira geral.

José Júlio Gavião de Almeida
Professor Doutor em Educação Física pela Faculdade de
Educação Física da Universidade Estadual de Campinas

SUMÁRIO

Parte 1 – Fundamentos teóricos 15

1 História 17

    1.1 O mito. 18

    1.2 O desenvolvimento 22

    1.3 A divulgação 36

    1.4 O desenvolvimento no Brasil 43

2 Os estilos de *Shuaijiao* 45

3 Sistema de graduação 51

4 Conceitos e princípios aplicados ao *Shuaijiao* 55

    4.1 Alguns conceitos da Educação Física aplicados ao *Shuaijiao* 55

    4.2 Princípios técnicos aplicados ao *Shuaijiao* 61

    4.3 Comentários sobre os princípios apresentados no poema 62

5 Aspectos gerais sobre a prática. 69

    5.1 Atividade física e saúde 70

    5.2 Ética marcial (*Wude* – 武德) 71

    5.3 Local de treino. 78

    5.4 Roupa de treino 80

    5.5 *Shuaijiao* e Judô: principais diferenças 82

Parte 2 – Aplicações práticas. 87

6 Conteúdos práticos. 89

6.1 Exercícios preliminares. 90

6.2 Matéria do 8º *Jie* (*Shiti de Bajie* – 实体的八阶). 101

6.3 Matéria do 7º *Jie* (*Shiti de Qijie* – 实体的七阶). 113

6.4 Matéria do 6º *Jie* (*Shiti de Liujie* – 实体的六阶). 124

6.5 Matéria do 5º *Jie* (*Shiti de Wujie* – 实体的五阶). 134

6.6 Matéria do 4º *Jie* (*Shiti de Sijie* – 实体的四阶). 145

6.7 Matéria do 3º *Jie* (*Shiti de Sanjie* – 实体的三阶). 153

6.8 Matéria do 2º *Jie* (*Shiti de Erjie* – 实体的二阶). 159

6.9 Matéria do 1º *Jie* (*Shiti de Yijie* – 实体的一阶). 164

6.10 Matéria do 9º *Deng* (*Shiti de Jiudeng* – 实体的九等). 171

7 Condicionamento físico. 179

8 Regulamento de competição de *Shuaijiao*. 187

8.1 Das categorias de peso. 187

8.2 Da duração da competição. 188

8.3 Dos equipamentos de competição. 188

8.4 Da pontuação. 189

8.5 Dos ataques eficazes e ineficazes. 190

8.6 Das violações. 191

8.7 Das penalidades. 192

8.8 Do vencedor do combate. 192

8.9 Do julgamento. 193

8.10 Dos gestos dos árbitros. 193

8.11 Das proibições. 194

8.12 Disposições finais. 194

Referências. 195

Apêndice. 199

Sobre o autor. 203

PARTE 1

FUNDAMENTOS TEÓRICOS

1 HISTÓRIA

Alguns autores ocidentais, em suas obras a respeito das artes marciais chinesas, posicionam a origem destas no século V e, especificamente, nomeiam como o seu precursor um monge indiano chamado Bodhidharma. Se tomar como procedimento de pesquisa histórica as metodologias acadêmicas disponíveis para essa tarefa, conclui-se que essa afirmativa é contestável pelas evidências apresentadas na literatura publicada pelos próprios chineses. À luz da bibliografia disponível sobre o tema, percebe-se que essa história é muito mais antiga que supõe o senso comum.

É inegável que Bodhidharma teve um papel importante na evolução das artes marciais chinesas pelos métodos de meditação ensinados por ele, mas o principal motivo de sua viagem da Índia à China foi a divulgação e o ensino do budismo. Para tal, ele empreendeu uma longa jornada fora do seu país de origem por ordem de seu mestre, o famoso Prajnatara. Essa influência incidiu diretamente na preparação física dos monges, que não suportavam as longas horas de prática de meditação no monastério de Shaolin (少林寺). Esse mosteiro se tornou, ao longo da história, a maior referência das práticas marciais da China.

A fundamentação e a divulgação da filosofia Chan (禪) do budismo, que mais tarde se tornou conhecido como Zen (禅), foi a sua contribuição mais representativa para a China. Em momento nenhum, Bodhidharma fez referência a técnicas de artes marciais em sua obra, muito pelo contrário, apenas fez colocações teóricas e instruções sobre o treinamento da meditação e do pensamento budista descritos nos textos: *O esboço da prática, Sermão do ciclo da vida, Sermão do despertar* e o *Sermão da grande descoberta* (Bodhidharma, 1989). Outra referência importante deixada por

Bodhidharma para a China foi o *Sutra Lankavatara* (Suzuki, 1994), traduzido para o chinês por Gunabhadra, que foi transmitido a Huike, o seu mais fervoroso divulgador. As técnicas de manutenção da saúde que são comumente atribuídas a ele, como o *Xisuijing* (洗髓经) e o *Yijinjing* (易筋经), são ainda hoje divulgadas e treinadas dentro e fora da China; no entanto, não existem evidências históricas da origem dessas técnicas e de seus autores.

Há, na China, a tradição de se atribuir a criação de uma técnica ou de um conhecimento importante ao nome de um personagem histórico de destaque. Isso se dá para conferir notoriedade e antiguidade ao novo conhecimento criado por um indivíduo comum. Tendo isso em perspectiva, somado ao exposto anteriormente, não se pode afirmar que o desenvolvimento do *Wushu* (武术) começou nesse ponto da história chinesa. O que, de fato, ocorreu foi apenas o nascimento de uma nova escola de budismo e, talvez, diferentes métodos de *Qigong* (气功).

Wu, Li e Yu (1992) afirmam que as artes marciais chinesas se desenvolveram em paralelo à organização da civilização chinesa. Especificamente as técnicas de mãos limpas ou desarmadas começaram a ser sistematicamente treinadas sob a orientação de Huangdi, o Imperador Amarelo. Para Wu, Li e Yu (1992), o desenvolvimento das artes marciais chinesas ocorreu ao longo da história da China e se estende até os dias de hoje. O estudo das raízes das artes marciais chinesas, portanto, deve passar pela abordagem histórica dos primeiros grupos que se organizaram às margens do Huanghe, o Rio Amarelo. Foi naquele momento, no início do período Neolítico, quando o homem iniciou a mudança da caça para as primeiras sociedades agrícolas, dos movimentos nômades para a fundação das primeiras aldeias fixas, que o homem chinês iniciou sua epopeia de desenvolvimento das artes marciais, por volta de 4000 a.C.

1.1 O MITO

No norte da China, nas planícies ao longo do rio Amarelo, existiam vários grupos sociais que subsistiam da caça, da pesca e de atividades agrícolas primitivas que as terras férteis às margens desse rio favoreciam. Segundo Montenegro (1974), é na região do Huanghe que se encontram os maiores achados arqueológicos do período Neolítico

(4000-1700 a.C.) na China. Artefatos como vasos, urnas funerárias e potes de cerâmica da cultura Yangshao foram encontrados nessa região, demonstrando que ali se iniciava uma sociedade que fixava raízes para o seu desenvolvimento. Outras culturas se mostravam presentes nessa região durante o mesmo período, eram elas a Longshan e a Xiaotun. Utensílios achados em escavações arqueológicas demonstram que três grupos distintos iniciavam uma organização social em torno de culturas próprias. É nesse contexto histórico e geográfico que a soberania étnica da China começou a se desenhar.

Em Chung (1997), há uma descrição das sociedades que habitavam as margens do Huanghe e uma explicação, considerando o início da formação do povo chinês, de como a hegemonia da etnia Han se consolidou no alvorecer do império chinês. Por volta do ano 2698 a.C., viviam nessa região quatro sociedades que se organizavam como clãs ou famílias. Os quatro clãs eram chamados de Xia, Jiang, Li e Yi. Entre eles, as disputas por territórios, locais de caça e de pesca eram constantes, porém, não havia uma tribo com supremacia total sobre as outras, até que um homem de nome Xuanyuan se tornou o líder do clã Xia e os liderou contra o clã dos Jiang, que tinha como seu líder Yandi, levando-os à vitória sobre a tribo rival. Xuanyuan seria conhecido mais tarde como Huangdi.

Após a vitória sobre os Jiang, Xuanyuan estabeleceu uma aliança entre os clãs Yi e Jiang, com o objetivo de combater o clã Li, composto por nove tribos, todas elas lideradas por Chiyou, também conhecido como o Homem do Sul. Ele, com seus muitos irmãos, construiu um grupo extremamente poderoso. Nessa época, as armas utilizadas eram feitas de pedras cortantes de pequeno porte, além de se arremessar pedras contra os inimigos. Relatos mais folclóricos dizem que Chiyou utilizava dois machados feitos de pedra.

Em Zheng (1995), consta uma das muitas descrições de Chiyou, a qual diz que ele é o Deus de *Zhuolu*, que tem corpo de homem, pés de touro, quatro olhos, seis mãos e chifres na cabeça, além de manter outros chifres longe de seu corpo. Essa descrição demonstra como Chiyou era considerado um grande adversário, com poderes sobrenaturais, capaz de manipular o clima e os elementos, pois era considerado um grande mago.

Zhoulu, nome antigo de Fanshan, foi o local onde se travou a derradeira batalha entre as forças do clã Li, de Chiyou, e as forças da aliança estabelecida entre Xia, Yi e Jiang, comandadas por Xuanyuan. Conhecida nos dias de hoje como Huailai, uma cidade da província de Hebei, Zhoulu é uma região montanhosa, cheia de pequenos vales sinuosos envolvidos por névoas baixas durante o inverno, fato que facilita a camuflagem de tropas durante uma batalha real. Isso foi usado por Chiyou contra a aliança de Xuanyuan.

Os guerreiros do exército de Chiyou usavam capacetes com chifres para que, durante as batalhas, pudessem ferir seus inimigos com golpes de cabeça, além das armas comumente usadas por eles, como machados de pedra, porretes de madeira e as próprias pedras, que eram arremessadas. Sabendo da técnica dos chifres utilizada por Chiyou, Xuanyuan organizou treinos entre os soldados da aliança para que eles aprendessem a se defender dos ataques dos capacetes com chifres e melhorar seus contra-ataques, utilizando as lanças de madeira criadas por ele. Segundo alguns relatos citados por Chung (1997), um dos 25 filhos de Xuanyuan, chamado de Hui, criou o arco e a flecha de bambu, que foram utilizados nessa batalha histórica. Vários combates se desenrolaram até que Chiyou tentou se refugiar com seus guerreiros nas montanhas, mas Xuanyuan o perseguiu entre os vales estreitos. Diz uma lenda que Xuanyuan foi ajudado por uma deusa antiga, chamada de Jiutian Xuannu, *A Senhora dos Mistérios dos Nove Céus*, para atravessar a névoa que fazia que o seu exército perdesse a direção e não encontrasse Chiyou. Essa deusa entregou a Xuanyuan o segredo da bússola e, assim, ele levou seus soldados ao local certo para a batalha final, a montanha Li.

Com as técnicas treinadas por Xuanyuan contra os chifres de Chiyou, a batalha tomou um novo rumo contra um exército poderoso, que se mantinha invencível até então. Na montanha Li, Xuanyuan venceu definitivamente o exército do clã Li e Chiyou perdeu a vida. Após a morte de Chiyou, vários sobreviventes se dispersaram pela região, mas alguns seguiram um líder chamado Kuafo, que era um dos comandantes do exército de Chiyou. Esse líder os conduziu para regiões no sul da China, hoje conhecida como a província de Guizhou. Essa região é caracteristicamente povoada pela etnia Miao, descendentes diretos das nove tribos de Li, da região de Zhoulu, província de Hebei.

Após essa vitória histórica, os clãs do norte elegeram Xuanyuan como líder de todas as tribos e lhe deram o título de Huangdi, o Imperador Amarelo. Ele foi responsável pela promoção do casamento entre tribos diferentes para desenvolver uma etnia mais homogênea, a etnia Han. Entre outras coisas, também desenvolveu várias melhorias no modo de vida do seu povo, iniciando as mudanças pelo estabelecimento da capital da nova nação em Youxiong, atualmente conhecida como Xinzheng, ao sul de Zhengzhou, na província de Henan.

A reforma social, a formação de um governo central, o desenvolvimento de utensílios para cozinha, a invenção da bússola e o desenvolvimento de várias armas de batalha foram algumas das muitas transformações promovidas por Huangdi. Ele também dividiu a região conquistada em quatro partes e cada parte foi dividida em nove partes iguais; uma delas se destinava à produção em prol do soberano.

Um dos fatos mais importantes para as artes marciais chinesas foi a instituição dos jogos comemorativos da vitória da batalha de Zhoulu, em que competidores demonstravam suas técnicas encenando a luta entre dois guerreiros vestidos de capacetes com chifres. Nessa luta demonstrativa, ambos os guerreiros deveriam atacar o outro com o objetivo de lhe perfurar com os chifres, relembrando os soldados de Chiyou, e o outro deveria se desvencilhar dos golpes e derrubar o adversário. Esse festival comemorativo se tornou tradição e perdurou por vários séculos. Segundo Wu, Li e Yu (1992), tais técnicas evoluíram até se tornar o que é conhecido atualmente como *Shuaijiao* (捽角). Essa forma de escrever, que foi utilizada até o início do século XX e depois se limitou a ser usada em Taiwan, significa, literalmente, "chifrar e derrubar". Tal grafia foi utilizada extensamente na Academia Central de Nanjing, de 1927 a 1935, e servia para designar uma modalidade de combate em que qualquer técnica poderia ser utilizada, inclusive derrubar. Era uma forma de luta livre ou de vale-tudo. A grafia corrente no idioma oficial chinês é 捽跤, que significa "derrubar em quedas", e é utilizada largamente na República Popular da China nos dias de hoje.

Li e Du (1991) afirmam que os soldados da época utilizavam jogos de luta para seu treinamento. Esses jogos rudimentares eram também chamados de *danças* e pertenciam a um grupo denominado *danças dos cem animais*. Existiam dois tipos de jogos ou danças para treinamento militar: na primeira, utilizavam-se escudos e machados, para o combate entre dois oponentes e, na segunda, os combatentes usavam capacetes com chifres de touro ou de cervo com o objetivo de ferir seu oponente mediante o ataque com a cabeça.

Apesar de Huangdi ser o grande precursor da etnia Han, para os Miao, Chiyou é um grande herói, que influencia a sua cultura com uma força que ultrapassa os tempos e é cultuado no coração desse povo no festival dos tambores. Atualmente, o governo da República Popular da China reconhece Chiyou como um dos três ancestrais do povo chinês, ao lado de Yandi e Huangdi. O *Shuaijiao* é uma das grandes heranças que dois desses ancestrais do povo chinês deixaram como legado para a atual sociedade e essa prática é uma das artes marciais mais antigas de que a civilização contemporânea tem notícia.

1.2 O DESENVOLVIMENTO

A partir do festival comemorativo, criado por Huangdi para lembrar a batalha contra Chiyou, novas técnicas se desenvolveram para impedir que os chifres produzissem ferimentos graves ou fatais. Movimentações de pernas e braços foram introduzidas no treinamento dos competidores, dando início a uma das primeiras formas de luta desarmadas na China, denominada *Quanfa* (拳法). O *Quanfa*, ou posturas de mãos, deu origem aos atuais *Kati* ou *Jiazi* (架子), estruturas que organizam os repertórios de técnicas dos diversos estilos de *Wushu* praticados na China. Nessas novas técnicas, introduzidas para um confronto mais eficiente e para se evitar graves lesões, evidenciaram-se os princípios chamados de *Ti* (踢 – chutar), *Da* (打 – socar), *Shuai* (摔 – derrubar) e *Na* (拿 – imobilizar), que agrupam e classificam as variadas técnicas utilizadas pelos estilos de *Wushu*. Esses princípios formaram a base da arte marcial chinesa que conhecemos hoje.

Durante a Era do Bronze, que compreendeu de 1700 a 500 a.C., e a do Ferro, de 500 a 221 a.C., as técnicas que foram treinadas pelo exército de Huangdi continuaram sendo praticadas em exibições durante os festivais e pelos soldados como preparação para batalhas. Durante esses períodos, tais técnicas eram conhecidas como *Jiaodi* (角抵), que significa "atingir com chifre".

Três dinastias marcaram a Era do Bronze, a Dinastia Shang (1766-1025 a.C.), a Dinastia Zhou Ocidental (1025-770 a.C.) e a Dinastia Zhou Oriental (770-441 a.C.). A Era do Ferro foi dominada apenas por uma extensão da Zhou (441-221 a.C.), conhecida como Reinos Combatentes. Durante a Era do Bronze e a do Ferro, existiam diversas tribos e os conflitos eram constantes; a China, portanto, era uma nação dividida. Porém, durante o último período da dinastia Zhou (441-221 a.C.), as lutas tomaram uma dimensão maior. Passaram a objetivar a unificação da nação, a transformação social e, finalmente, a transformação econômica.

Nessa época, chamada de *China Feudal*, o território já se prolongava, ao sul, até as margens sul do Yangtsé; ao norte, o rio Azul, até próximo à atual Península Coreana; e a leste, até a nascente do rio Wei. Essa extensão de terra era dividida em 24 feudos. Os nobres feudais estavam ligados ao Imperador pela obrigação do serviço militar e, por esse motivo, era possível conquistar mais terras para suas famílias, além de prestígio com a nobreza e o soberano. Dessa forma, os nobres se dedicavam aos treinamentos militares, que incluíam tiro com arco, montar a cavalo, técnicas com armas, como lanças e espadas, e, ainda, combate corpo a corpo com as técnicas do *Jiaodi*. Esses treinamentos eram decisivos para o bom desempenho no campo de batalha, pois a derrota representaria a perda do *status* conquistado, de terras e finanças, além de, possivelmente, uma morte terrível, por imolação ou decapitação, práticas muito comuns à época, de acordo com Montenegro (1974). O povo também tinha obrigações com o serviço militar: cada família deveria disponibilizar um dos membros para o exército, o qual receberia treinamento para se tornar soldado e servir sob o comando dos nobres.

A dinastia Qin (221-206 a.C.) foi fundada por Qinshi Huangdi, o imperador que deu início ao governo militar que unificou a China. Com seu exército bem treinado e equipado com armamentos modernos para a época, ele fez incursões aos feudos, devastando todas as fortificações, derrubando todas as muralhas e dizimando exércitos. Acabou com os regionalismos por meio do deslocamento de grande número de súditos de suas áreas nativas para novas regiões. Terminou definitivamente com o feudalismo e implantou uma nova ordem administrativa, dividindo seu império em 36 regiões administradas cada uma por um governante civil, um militar e um superintendente. Todo o povo foi desarmado e, com o metal das armas, foram fundidas magníficas estátuas. Esse imperador promoveu a primeira grande queima de livros e escritos da história da

China, dessa forma, tentou extinguir a diversidade cultural, além de promover a miscigenação entre as várias etnias. Como parte de sua estratégia para governar a China, iniciou a construção da Grande Muralha para delimitar as fronteiras de suas conquistas. Todos os críticos de seu governo foram perseguidos, banidos do reino ou condenados à morte. Esses críticos eram, em sua maioria, dissidentes confucionistas, que, quando capturados, também tinham seus livros queimados.

Durante o império Qin, o treino militar era considerado uma prioridade e o *Jiaodi* fazia parte do programa de treinamento dos soldados de Qinshi Huangdi. Nessa época, a técnica era também conhecida como *Xiangpu* (相扑). A severa administração no novo estado por ele fundado provocou ódio e revolta; com isso, ocorreram várias tentativas de assassiná-lo. Por fim, foi morto por seus inimigos, porém, antecipadamente, ordenou a confecção do Exército de Terracota, composto por sete mil estátuas de soldados e cavalos, que deveria ser enterrado com ele após o seu falecimento. Seu túmulo foi construído nos arredores da cidade de Xian, na província de Shaanxi. Após sua morte, uma série de revoltas promovida pelos descendentes dos nobres dos seis reinos guerreiros findou seu legado e um de seus sucessores foi obrigado a cometer suicídio.

Com os conflitos entre os principais reinos que compunham o império de Qinshi Huangdi, uma nova configuração política se formava. Esses conflitos duraram cerca de cinco anos, até que Liubang conquistou a vitória e se tornou Hangaozu, o primeiro imperador da dinastia Han (206 a.C-220 d.C.). Segundo Sima Qian, (Ssu-ma, 1961), famoso historiador chinês, a era dos Han foi de grande importância para as artes, com o desenvolvimento da cerâmica, da literatura, com a descoberta do papel e o desenvolvimento das ciências, com a primeira Assembleia Científica, celebrada no ano 4. Foi, também, tempo de expansão territorial, inclusive invadindo e anexando os territórios do norte do Vietnã e o norte da península coreana. O desenvolvimento militar foi notório nesse período, com a criação de muitas armas para fortificar seu exército; variados treinamentos militares foram elaborados e implementados para melhor preparar os soldados. O combate corpo a corpo também fazia parte desse repertório de treinamentos e, em especial, o *Jiaodi*. O fortalecimento das rotas comerciais, incluindo a rota da seda, foi também estabelecido nessa época, sob a proteção de um grande poderio militar.

As técnicas de *Jiaodi* se tornaram tão conhecidas que se espalharam na cultura popular, perdendo sua exclusividade para a nobreza, tornando-se apenas uma manifestação cultural que se observava em festividades, na forma de demonstrações e de entretenimento. O povo chinês das classes mais populares, em sua maioria, não era letrado e, desse modo, os registros sobre essas técnicas se tornaram escassos durante um longo período, que se estendeu no decurso de nove dinastias subsequentes à Han. Foi na dinastia Yuan (1271-1368), também conhecida como dinastia Mongol, que suas técnicas foram redescobertas pelo contato com a cultura mongol, quando as tribos mongóis estenderam seus territórios por meio de violentas invasões de conquista da China durante o final da dinastia Song (960-1279).

Os mongóis se tornaram os grandes conquistadores da história da Ásia, deixando suas marcas culturais do oceano Pacífico até o leste europeu, quando dominaram do norte da China à península coreana, dos povos islâmicos da Ásia Central aos do leste da Europa. Os mongóis eram povos nômades, que, por esse estilo de vida, promoviam o treinamento marcial a todos os homens da tribo. Esses treinamentos eram demonstrados durante as festividades tribais, em competições promovidas entre os guerreiros, em que as técnicas utilizadas eram o tiro com arco, a corrida a cavalo e a luta corpo a corpo. Essa luta era chamada de *Bokh* (搏克) e tinha os mesmos princípios do *Jiaodi*, em que um participante deveria derrubar o oponente usando qualquer parte do corpo. Esse convívio constante com os rigores da natureza e o treinamento ininterrupto das técnicas marciais tornou o exército mongol muito poderoso e temido. Seus guerreiros eram hábeis tanto a cavalo quanto a pé. O contato com essa poderosa nação guerreira fez que os treinamentos militares na China se intensificassem e técnicas legadas a populações comuns fossem resgatadas e novamente incorporadas, sendo o *Jiaodi* uma delas. Há, nesse ponto da História, a possibilidade de o *Bokh* ter influenciado as técnicas de *Jiaodi* com sua força e velocidade, já que o contato cultural entre a China e a Mongólia se estendeu por quase cem anos.

Em 1368, o nono sucessor de Kublai Khan foi expulso da China e enviado de volta às estepes da Mongólia por Zhu Yuanzhang, que fundou a dinastia Ming (1368-1644) e, posteriormente, adotou o nome de Hongwu para o seu período de governo. Durante a Era Ming, a cultura foi renovada, as artes obtiveram uma nova perspectiva, a indústria da porcelana se expandiu, mercadores chineses exploraram todo o oceano Índico, chegando até a África com as viagens do famoso explorador chinês Zheng He. Ele tinha uma frota composta de quatro navios de 1.500 toneladas cada e muitos outros navios menores, promovendo, assim, uma grande revolução no comércio marítimo com regiões fora das fronteiras da China, incluindo a península coreana e o Japão. Zheng He organizou mais de sete expedições pelo mar, navegando até as Américas em suas expedições. O exército também foi estendido ao número de um milhão de soldados. É durante esse movimento de expansão comercial e cultural que as artes marciais chinesas foram levadas para fora das fronteiras desse território.

Durante a dinastia Ming, mesmo na fase de seu declínio, o *Shuaijiao* viveu uma época de grande expansão e desenvolvimento, tornando-se conhecido além das fronteiras chinesas e influenciando diretamente algumas escolas de artes suaves japonesas.

No início do ano de 1600, um líder tribal, chamado Nurhaci, formou o estado nômade Manchu (Qingchao), unindo quatro facções e, em 1616, transformou as quatro em oito bandeiras, ou facções, sob o mesmo comando; assim, criou uma nova e poderosa força militar. Em 1634, Huang Taiji, líder Manchu, recebeu o grande selo do imperador Yuan das mãos de Ejei, filho do último dos grandes Khan. Esse fato criou a condição necessária entre o povo Manchu para que, em 1636, fosse fundada a dinastia Qing, ou dinastia Manchu.

Entre a dinastia Ming e Qing, o *Shuaijiao* alcançou grande desenvolvimento técnico e isso é enfatizado por uma expressão cunhada nessa época, que dizia o seguinte: "O momento em que há um toque é o momento em que há uma queda". Tal expressão definia o nível de maestria dos lutadores. Segundo Weng (1984), especificamente durante a dinastia Qing, foram promovidos grandes campeonatos de *Shuaijiao* que se espalhavam por todas as regiões da China. Os vencedores desses campeonatos eram convidados a fazer parte do time nacional de *Shuaijiao*, cujos membros eram considerados os melhores mestres do mundo. Os integrantes desse time eram conhecidos como *Puhu* (扑户), que significa "os da casa de quem sabiam derrubar". Nesse tempo, o governo mantinha um centro de treinamento chamado *Shanpuying* (善扑营), que significa "o batalhão dos que dominam a técnica de derrubar" e chegava a ter mais de 200 participantes, todos profissionais em *Shuaijiao* e patrocinados pelo Império. O imperador ainda promovia encontros com povos além da Grande Muralha, para manter boas relações diplomáticas com governos estrangeiros. Nesses encontros, ocorriam disputas entre lutadores de *Shuaijiao* das várias regiões visitadas, mas as lutas mais comentadas eram a do time oficial do governo com lutadores da Mongólia, pois eles sempre foram exímios lutadores de *Shuaijiao*. Além de ser um campeonato realizado pelo Império para colocar à prova seus lutadores, *Shanpuying* também era uma escola de *Shuaijiao* para formar lutadores. Foi fundado em 1669, oitavo ano do Imperador Kangxi, e se dividia em dois "acampamentos", o leste e o oeste, ambos localizados na área urbana de Beijing. Os membros de *Shanpuying* praticavam rotineiramente técnicas de *Shuaijiao*, de hipismo, de tiro com arco e técnicas com facão (刀术). Só poderiam ingressar aqueles que pertencessem à etnia Manchu, e seus membros eram automaticamente considerados como candidatos à Guarda Imperial.

Com a adoção das armas de fogo nas tropas, *Shanpuying* foi perdendo a sua importância como escola de treinamento de soldados e uma reforma das Forças Armadas, no ano de 1905, definiu que vários batalhões tradicionais seriam gradualmente desativados. *Shanpuying* foi poupado dessa reforma, mas foi perdendo prestígio social aos poucos, apesar de manter a tradição do treinamento de alto nível.

Com a queda do sistema imperial, em 1911, promovida por uma série de movimentos sociais a favor de reformas e com a subida ao poder de um governo nacionalista liderado por Sun Yat-sen, foi fundada a República da China (1912-1949). Com o fim da dinastia Qing, o patrocínio dos lutadores profissionais de *Shuaijiao* foi suspenso e muitos deles fundaram suas próprias escolas para ministrar aulas à população; outros foram ganhar a vida nas ruas ou em outras regiões da China; assim, houve uma larga disseminação dessa arte. Logo em seguida, o governo militar do norte da China resolveu aproveitar esses lutadores como instrutores do exército, mas em razão das conturbações sociais e políticas da época, essa tentativa não obteve quase nenhum efeito no sentido de preservar a tradição e as técnicas de *Shanpuying*.

Esses lutadores, ex-participantes do *Shanpuying*, foram de grande importância para a preservação do *Shuaijiao* durante a primeira metade do século XX. Alguns deles passaram a atuar como técnicos de *Shuaijiao*, no entanto, boa parte passou a viver de "rodas de demonstração" em Nanjing (Nanquim), Tianjin, Baoding e, principalmente, em Beijing (Pequim).

Segundo Li (2004), em Beijing, o *Shuaijiao* já era uma modalidade bastante popular. Vários bairros se tornaram tradicionais em *Shuaijiao*, por exemplo, o bairro de

Niujie, tipicamente muçulmano, chegou a ter diversos lutadores selecionados pelo *Shanpuying*. Essa tradição no meio popular propiciou a sobrevivência das "rodas de demonstração". A área da "Passarela" (Tianqiao), no bairro de Qianmen, era o reduto dessas rodas, além de alojar várias outras profissões relacionadas à tradição popular. Alguns ex-lutadores de *Shanpuying* não tiveram atuação direta nessas rodas, mas as influenciaram por meio de intercâmbios particulares ou disputas públicas.

As primeiras tentativas de se criar as "rodas" partiram dos lutadores Wang San, o Pão Recheado, e Li Tiecun. Entretanto, eles não tiveram o sucesso esperado. O Pão Recheado tinha um calombo na testa, o que sugeria o seu apelido, e já era bastante velho quando se viu na necessidade de trabalhar para viver. Ficava com dois casacos no chão, na porta de um parque, propondo-se a lutar com os que tivessem interesse. Foi a primeira roda montada, ainda que rudimentar, de um ex-lutador imperial. Não durou muito tempo, mas inspirou os demais lutadores a fazerem o mesmo para sobreviver. As lutas tradicionais de *Shuaijiao* iniciavam-se com dois casacos colocados no chão, e os lutadores se vestiam conforme um procedimento ritualístico predeterminado. Até hoje, no meio popular, esse ritual é seguido. O campeonato nacional profissional China Shuaijiao King, que se iniciou em 2004, adota esse procedimento para o início das lutas.

Li Tiecun, também conhecido como Tie San, tinha uma roda no templo Huguo e, frequentemente, era prestigiado pela presença da velha Guarda Imperial. Foi fundador da primeira roda verdadeira, com a presença dos antigos lutadores imperiais.

Havia um lutador civil muito famoso, chamado Shen Fang, que não era manchu, portanto não podia ser selecionado pelo *Shanpuying*, mas, por sua fama, havia sido aceito como um membro "fora da lista de chamada" e, finalmente, efetivado em caráter extraordinário. Seu filho, Shen Yousan, mais conhecido pelo diminutivo de Shen San, tornou-se muito habilidoso. Ele trabalhava como açougueiro ambulante e um vizinho seu, chamado Yang Shuangen, era o dono de uma roda de *Wushu* em Tianqiao.

Shuangen era de uma família abastada e treinava *Wushu* desde a infância. Os negócios da família Yang faliram e ele se viu obrigado a viver das demonstrações. Por não ser um homem com experiência em pequenos negócios, não sabia "narrar". O "narrar" era uma parte importante desse tipo de pequenos negócios a céu aberto e tinha como objetivo preparar o ambiente, ou "vender o peixe", contar uma história para atrair a atenção de possíveis clientes, no caso das rodas, possíveis lutadores desafiantes. Shen San, ao ver seu vizinho passar dificuldades por falta dessa habilidade, eventualmente o ajudava, fazendo a narração por ele e algumas demonstrações de *Shuaijiao*. Assim, Shen San foi adquirindo fama nessa área, apesar de sempre atuar gratuitamente, objetivando somente ajudar um amigo. De início, vários lutadores (ex-imperiais) se opuseram a eles, por entenderem que as técnicas herdadas de um lutador imperial não poderiam ser expostas numa feira popular, mas, pela atuação "não oficial" de Shen, essa oposição não durou muito tempo.

Com o agravamento da situação econômica no início da República, Shen acabou tendo suas ferramentas de açougueiro roubadas, e isso o obrigou a trabalhar muito para recuperar o prejuízo. Por um longo período, não apareceu na roda de Yang, pois já estava um tanto velho. Finalmente, Yang propôs parceria a Shen, que aceitou imediatamente, passando a se dedicar exclusivamente à roda de *Shuaijiao*.

A roda do Shen incentivou vários antigos lutadores imperiais. Diversas rodas foram criadas e a velha guarda passou a aceitar, de bom grato, a homenagem em dinheiro dos donos das rodas. Entre as rodas existentes em Beijing, as de Bai San e de Tie San eram muito conhecidas, e esses dois lutadores, com Shen San, eram conhecidos como "Os Três San", donos das rodas mais concorridas. Sem dúvida, a roda de Shen San era a mais famosa, por ser uma das mais antigas e por ele ter conhecimento de *Wushu*, *Qigong* e de medicina chinesa, além de saber "narrar" bem, habilidade que adquiriu como açougueiro ambulante. Vendia também medicamentos na própria roda.

Nos anos de 1920 e 1930, em razão da depressão econômica, várias rodas passaram a ser itinerantes, viajando pelo norte da China, o que contribuiu para a divulgação de *Shuaijiao*. Várias regiões do norte do país tinham escolas de *Shauijiao* muito fortes, por exemplo, Tianjin, Baoding, Tangshan, além de várias cidades nas províncias de Shandong e Hebei. Contudo, essa mobilidade das rodas provenientes de Beijing levou o "estilo" dos antigos lutadores imperiais para essas regiões, enriquecendo tecnicamente o *Shuaijiao* praticado em tais localidades.

Por ser o *Shuaijiao* uma modalidade extremamente popular em Beijing, as rodas adquiriram certas características locais. Cada roda tinha um dono e uma equipe de lutadores própria, cujos membros dividiam a receita das lutas. Além disso, havia uma equipe reserva, que também entrava na divisão da receita e era composta por aqueles que apresentavam boa habilidade e boa reputação ou, ainda, amizade com o dono da roda, mas todos eles lutavam pelo dinheiro. Além dos lutadores fixos e reservas, havia outros tipos de participantes.

Os que ajudavam, bons lutadores, que gostavam da prática e não precisavam de dinheiro, iam para as rodas ajudar ou praticar com os profissionais; eram bem tratados como visitantes.

Havia os *sociais*, gente rica e amadora, às vezes, bons lutadores, mas, na maioria das vezes, pouco habilidosos, alguns nem lutar sabiam, iam para assistir às lutas e, às vezes, pediam para lutar; se a receita da roda naquele dia fosse pequena, acabavam completando-a com contribuições generosas e, depois, convidavam a equipe para jantar ou ir a casas de banho.

Os *ajudantes* eram pessoas simples, praticantes amadores e, às vezes, habilidosos; ficavam encostados, calados, só lutavam quando chamados, o propósito da sua participação era exclusivamente amor à arte e desejo de aprender.

Havia os *cismados*, que apareciam e pediam para lutar; dividiam-se em vários tipos de lutadores: os que simplesmente estavam passando e queriam fazer intercâmbio, os que se sentiam encorajados após beberem num restaurante próximo, os que entravam para "acabar com a festa", e os que, por algum motivo, cismaram de querer lutar com alguém da roda. O dono da roda precisava ter habilidade política para lidar com todos esses tipos de lutadores.

Finalmente, os *compadres*, lutadores de renome, donos de outra roda, ou membros quaisquer (mesmo aprendizes) de uma roda conhecida que, de repente, resolvem lutar; geralmente eram bem tratados e lutavam com bastante educação.

Das rodas anteriormente mencionadas e das muitas outras, as de Beijing foram as que herdaram as técnicas de *Shanpuying*. Os atuais técnicos de renome na China são, geralmente, discípulos de primeira ou segunda geração dos lutadores mencionados. Uma característica muito acentuada do pessoal de Beijing, além das técnicas, é a preservação das tradições das escolas antigas: os que ensinam ainda são chamados de *Mestre* (professor-pai) e nem sempre são pagos pelas aulas. Os alunos ajudam o mestre conforme ele necessita. O chá que o mestre toma perto da roda é sempre preparado por um discípulo mais velho. Quando o mestre vai tirar o casaco, os discípulos sempre o ajudam. No ano-novo chinês, o discípulo visita o mestre da mesma maneira que visita o próprio pai. Os colegas da mesma linhagem são tratados sempre com títulos familiares (irmão, tio etc). Esses grandes mestres normalmente eram oriundos da Mongólia, de Beijing, Tianjin ou Baoding e foram os responsáveis pela construção de escolas importantes dos seus estilos.

Na cidade de Baoding, originou-se o estilo chamado *Baojing Kuaijiao* e seu mais famoso mestre era Ping Jingyi, nascido em 1830, além de seu discípulo Zhang Fengyan, que nasceu em 1875. Zhang venceu o melhor lutador de *Xingyiquan* (形意拳) da China, chamado Li Quanyi, na maior conferência promovida pelo exército chinês nos primeiros anos da fundação da República da China.

Smith, vice-cônsul dos Estados Unidos em Wuhan, capital da província de Hubei, escreveu um artigo publicado em 1920 no *The North China News* (Shanghai – Xangai), em que descreveu o treinamento militar ministrado por um general chamado Ma Liang, na cidade de Jinan, província de Shandong, do qual ele participava com a Segunda Divisão de Defesa de Fronteira do Exército sob seu comando. O treinamento era exaustivo em termos físicos e mentais; ao final do treinamento com armamento, táticas militares e condicionamento físico, os soldados vestiam a roupa para a práica de *Shuaijiao* e treinavam até a exaustão, por fim, quebrando tijolos com as mãos (The Literaly Digest, 1999).

O General Ma era um estudioso do *Wushu* e especialista em alguns estilos; treinou *Shuaijiao* com o Mestre Ping Jingyi na mesma classe que Zhang Fengyan. Nessa época, o General Ma escreveu o livro intitulado *The chinese new military art* e, sob sua orientação, outros foram escritos a respeito de diversos estilos de *Wushu*. Infelizmente, o General Ma foi favorável à invasão japonesa na China e, durante a Segunda Guerra Mundial, uniu-se ao exército japonês. Seus esforços não resultaram em nenhuma realização verdadeiramente importante. Morreu na prisão após a guerra, cumprindo pena por traição à nação chinesa. Já o mestre Zhang Fengyan se tornou um comerciante de sucesso, que produzia vegetais, picles, pasta de feijão, comidas especiais, molho apimentado e molho de soja, na cidade de Baoding. Após se tornar Mestre, Zhang Fengyan, com os renomados Mestres Li Yun-min, Ma Qingyun e Wang Weih-han, escreveu o primeiro livro sobre o *Shuaijiao*.

Seguindo com as reformas promovidas pelo Governo Central, foi fundada, em 1927, a Academia Central de Guoshu, de Nanjing, com o objetivo de divulgar e de promover o ensino das artes marciais chinesas. Mediante os trabalhos desenvolvidos na Academia é que se padronizou o nome *Shuaijiao*, em substituição aos diversos nomes que as técnicas de quedas adotavam, e ele foi instituído como uma das quatro modalidades padrão da Academia, ao lado das técnicas de mãos vazias, de armas e de tiro com arco. Entre os anos de 1928 e 1933, foram realizados anualmente testes que visavam selecionar os melhores praticantes de *Wushu* da nação, além da oficialização dos torneios de *Shuaijiao* em todo o país, que facilitaram a difusão em larga escala da modalidade no sul da China. O resultado desses torneios foi excelente, tanto que o governo central formalizou o campeonato nacional de *Shuaijiao* em 1935, em Shanghai, que ocorreu anualmente até o ano de 1948, quando houve o declínio do governo nacionalista. Esse torneio nacional foi mantido posteriormente em Taiwan.

O *Shuaijiao* foi uma das técnicas de *Wushu* que se destacaram, por ter sido ensinado no Japão, como contam relatos históricos contidos em quatro documentos distintos, escritos em épocas diferentes.

O primeiro documento, escrito em japonês, intitulado *Collection of ancestor's conversations – volume 2: biography of Chen Yuan-Yun* (先哲丛谈・卷二・陈元赟传), segundo Liang e Ngo (1997), conta a história de um oficial do exército Ming que viajou para o Japão, em 1658, e lá ensinou as artes suaves chinesas, compostas de chaves e de quedas (*Na* – 拿 – e *Shuai* – 捽), a três samurais que lhe faziam a segurança. Esses samurais, posteriormente, fundaram suas próprias escolas de *Jūjutsu* (柔術 – Jiu-Jítsu).

O segundo documento trata-se de um artigo escrito pelo mestre Kanō Jigorō, em conjunto com Thomas Lindsay, publicado em 1887 sob o título de *Transactions of the asiatic society of Japan – volume 15*. Nele, discorre sobre a introdução do *Shuaijiao* no Japão pelo monge chinês Chen Yuan-Yun (1587-1674) e sua influência nas técnicas de *Jūjutsu*. No artigo, cita diversos documentos japoneses que fazem referência à ida do monge ao Japão e sua influência no *Jūjutsu*. Em especial, menciona os dois principais documentos chamados de *Bugei shōden* (武芸小伝) e *Owari meisho zue* (尾張名所図会).

O *Bugei shōden* (coletânea de resumos biográficos sobre diversos mestres da época feudal) explica que as artes japonesas se dividem em dois ramos, chamados *Kogusoku* (小具足) e *Ken* (肯). A criação da arte do *Kogusoku* é atribuída a Takenouchi, um nativo de Sakushiu, que, certa vez, recebeu a visita de um sacerdote que lhe ensinou cinco métodos de capturar e imobilizar um homem. A arte do *Ken* foi uma técnica trazida da

China para o Japão por um homem chamado Chin Genpin (nome japonês de Chen Yuan-Yun), que foi ao Japão após a queda da dinastia Ming e se instalou no templo de Kokushoji, em Azabu, na cidade de Edo. Chin Genpin ensinou sua arte a três *rōnin*, chamados Fukuno, Isogai e Miura. A origem do *Jū* (柔), que é o equivalente a *Jūjutsu*, é traçada por esses três samurais, que, mais tarde, fundaram suas próprias escolas.

No *Owari meisho zue*, há, também, uma citação sobre Chen Yuan-Yun. Segundo o documento relatado por Kanō, Chen Yuan-Yun era um nativo da cidade de Korinken, na China, e morreu no Japão, aos 85 anos, no ano de 1671. Essa data está escrita em sua tumba na localidade de Kenchuji, em Nagoya. Viveu no templo de Kokushoji e teve como discípulos três *rōnin*, chamados Fukuno, Isogai e Miura. Esses três *rōnin* fundaram uma escola de arte marcial chamada *Kitō Ryū* (起倒流).

O terceiro documento é um livro sobre o Judô escrito por Robert (1968), que descreve as três histórias consideradas como verdades para a origem do *Jūjutsu* no Japão. Uma delas é a história intitulada *O temível segredo do monge chinês*. Conta essa história que, em 1650, um monge chinês se instalou no templo de Kokushoji, na região de Edo (atual Tóquio) com o objetivo de ensinar caligrafia, cerimônias e filosofia chinesa. Edo, na época, era a capital militar do Japão e muitos guerreiros circulavam por lá. O monge sempre lecionava fora do templo e nessas ocasiões três samurais de graduação inferior, chamados *Kachi* (徒・歩), pois andavam a pé, escoltavam o monge em suas viagens. Em uma noite, em 1658, o grupo composto pelo monge e pelos três samurais foi atacado por bandidos armados com porretes e punhais. Os samurais não foram bem-sucedidos na defesa do monge e se viram desarmados. Nesse instante, o monge se lançou contra os bandidos e os derrotou com muita facilidade. Os samurais, impressionados com a técnica do monge, pediram que ele os ensinasse as técnicas chinesas. Após grande insistência dos samurais, o monge decidiu ensinar a sua técnica, que era caracteristicamente composta por quedas, chaves e pressão em pontos vitais. Esses samurais se espalharam pelo Japão e fundaram suas próprias escolas.

O quarto documento é o artigo escrito por Cunningham (1996), intitulado *A brief look at the "root arts" of Judo*, que descreve brevemente as escolas marciais em que o Mestre Kanō Jigorō estudou e como elas influenciaram o desenvolvimento do Judô. A lista de escolas citadas por esse autor inclui 14 estilos diferentes, são eles: *Yagyū Shinkage Ryū* (柳生新陰流), *Yoshin-Ryū Jūjutsu* (楊心流柔術),

Tenjin Shin Yō Ryū (天神真杨流), *Kitō Ryū*, *Takeuchi Ryū* (竹内流), *Sōsuishi Ryū* (双水執流), *Daitō Ryū* (大東流), *Fusen Ryū* (風船流), *Jikishin Ryū* (直心流), *Sekiguchi Ryū* (関口流), *Kyūshin Ryū* (扱心流), *Shiten Ryū* (四天流), *Miura Ryū* (三浦流) e *Kukishin Ryū* (九鬼神流).

Dessas escolas, apenas duas têm sua criação cronologicamente datadas durante a dinastia Ming, a *Yoshin-Ryū Jūjutsu* (aproximadamente 1600) e a *Kitō Ryū* (1638). A *Yoshin-Ryu Jūjutsu* foi criada por Shirobei Yoshitoki Akiyama após sua ida à China, em 1600, para estudar o pensamento taoísta e suas técnicas marciais e de manutenção da saúde. É de conhecimento dos estudiosos do *Wushu* que as artes marciais que se orientam pelo pensamento taoísta na China são o *Taijiquan* (太极拳 – *Tai chi chuan*), o *Baguazhang* (八卦掌), o *Xingyiquan* (形意拳) e o *Yiquan* (意拳), todas escolas suaves, que têm muitas técnicas de queda (*Shuai* – 捧), captura e imobilização (*Na* – 拿), além de se fundamentar na utilização da energia interna, o *Qi* (气).

Ainda segundo Cunningham, a escola *Kitō Ryū* se baseia nos princípios da harmonia, fluidez, suavidade, flexibilidade e gentileza. Quando aplicado ao campo de batalha, o sistema incorpora complexas estratégias baseadas no pensamento de Sun Tzu. Inclui, ainda, técnicas de desenvolvimento espiritual, de autoconhecimento e de equilíbrio com a natureza. A formalização do *Kitō Ryū* teve seu início com a ida de Chen Yuan-Yun ao Japão, pela primeira vez em 1621 e definitivamente em 1638. Ele era um escolástico de alta posição na corte chinesa, que versava fluentemente sobre o taoísmo de Lao Tzu e as artes marciais chinesas baseadas nas escolas suaves, mais especificamente em *Shuaijiao*. Ensinou suas técnicas a três samurais, chamados Fukuno, Isogai e Miura. Mais tarde, Fukuno se uniu a um mestre samurai de *Yagyū Shingan Ryū*, chamado Terada. Fukuno e Terada fundaram a escola *Kitō Ryū* e ensinaram essa nova arte a Yoshimura e Takenada. O *Kitō Ryū* enfatiza as técnicas de projeções rápidas, diretas e fluidas; essas características formam a base do *Aikijūjutsu* (合気柔術).

Nos quatro documentos analisados, foram encontradas referências sobre os três samurais que treinaram com Chen Yuan-Yun, e os seus nomes coincidem em todos os documentos; são eles: Fukuno, Isogai e Miura. A afirmativa que eles teriam criado suas próprias escolas de *Jūjutsu* com base nos ensinamentos de Chen Yuan-Yun também é identificada em todos os documentos citados. Entretanto, existem duas informações que não se apresentam em consonância nos documentos analisados. Uma é a data correta da chegada de Chen Yuan-Yun ao Japão, e a outra é sua posição social e seus reais motivos para viajar ao Japão.

No que diz respeito à data de sua chegada ao Japão, os documentos diferem entre si, relatando um período entre 1620 e 1658, ou seja, um intervalo de 38 anos. Vários fatores podem influenciar tais discrepâncias, como as sucessivas traduções do japonês para o chinês, e vice-versa, e, ainda, para o inglês e outras línguas europeias. Esse intervalo histórico identificado pelos documentos foi marcado por grandes transformações sociais, tanto na China quanto no Japão. Na China, tal período marcou o declínio da dinastia Ming e a ascensão da Qing, por meio de vários conflitos, manobras políticas e batalhas entre as forças oponentes.

Segundo Caiger e Mason (1989), no Japão, ocorria a ascensão do xogunato. Esse movimento político-guerreiro, que derrubou o poder do Regente Toyotomi Hideyoshi, foi encabeçado por um daimiô chamado Tokugawa Ieyasu, que deu início a uma nova administração no Japão feudal, com o domínio dos Tokugawa, em 1603. Durante esse período que se estendeu até 1680, com a morte de Tokugawa Ietsuna, os xóguns regulamentaram e controlaram as atividades e os relacionamentos entre os daimiô, a corte e os clérigos. Esse fato pode justificar a escolta de Chen Yuan-Yun por três samurais, que o seguiam aonde fosse. A condição política do Japão da época torna difícil acreditar que um militar estrangeiro encontrasse refúgio sob a administração do xogunato, que promovia uma verdadeira revolução nas maneiras do Japão se relacionar politicamente com outros governos. Isso talvez explique o motivo de Chen Yuan-Yun ter ido para o Japão, que pode ter sido apenas para lecionar caligrafia e cultura geral da China, como propõe um dos documentos.

Seja em que data exata foi ou por quais motivos Chen Yuan-Yun foi ao Japão, o fato é que todos os documentos consultados relatam a relação de professor e de aluno estabelecida entre Chen Yuan-Yun e os samurais Fukuno, Isogai e Miura, e que estes se tornaram fundadores da escola de *Jūjutsu* denominada *Kitō Ryū*, uma das principais do Japão. Todavia, isso não quer dizer que Chen Yuan-Yun criou ou influenciou todas as escolas de *Jūjutsu*, pois já existiam escolas importantes na mesma época de sua ida ao Japão, inclusive a *Yoshin-Ryū*, mas influenciou diretamente uma das escolas mais importantes, a *Kitō Ryū*. Com isso também concordam Ratti e Westbrook (2006) quando afirmam que a origem do *Kitō Ryū Jūjutsu* está vinculada ao método chinês de combate baseado do princípio *Jū*, levado da China para o Japão por Genpin (Chen Yuan-Yun). Essa escola de *Jūjutsu* certamente influenciou o Judô de Kanō Jigorō e o *aikido* de Ueshiba Morihei, pois ambos treinaram *Kitō Ryū Jūjutsu* por longos anos.

1.3 A DIVULGAÇÃO

Entre o final da dinastia Qing e os primeiros anos da República da China, diversos mestres tomaram para si a responsabilidade da divulgação e preservação das técnicas do *Shuaijiao*, dentre eles os mais conhecidos no Ocidente são Chang Dongsheng, Li Baoru, Wang Wenyong e Yuan Zumou. Essa divulgação se deu mais fortemente após a fundação da República Popular da China, em 1949.

Chang Dongsheng, muito conhecido nas Américas, destacou-se em sua geração, tanto pelo nível técnico que alcançou quanto por ter sido um dos poucos mestres a divulgar o *Shuaijiao* no Ocidente, além de construir uma escola que lançou suas raízes nos Estados Unidos, no Brasil e na Argentina pelas gerações de praticantes que iniciou.

Nascido em 1908, em Baoding, na província de Hebei, Chang Dongsheng foi um menino muito ativo e sociável; adorava brincar na vizinhança com os amigos de sua idade, principalmente em um terreno de propriedade de um homem que cultivava diversos vegetais e especiarias para sua produção comercial. Esse homem era o Mestre Zhang Fengyan. A família de Chang Dongsheng ganhava a vida com a produção e a venda de frangos assados; por isso, os Chang tinham uma estreita relação comercial e de amizade com o Mestre Zhang, de quem compravam os temperos e os molhos para o preparo dos frangos que vendiam. Mestre Zhang tinha uma grande produção e, por vezes, não conseguia fazer o trabalho sozinho; assim, chamava os meninos da vizinhança que gostavam de brincar em seu terreno e fazia um acordo com eles: se o ajudassem com a colheita e com a cozinha, ele os treinaria em *Shuaijiao*. Assim, Chang Dongsheng iniciou seu treinamento, aos 7 anos de idade.

Segundo Weng (1984), todos os dias, Chang Dongsheng ia até a casa de Mestre Zhang e o ajudava na colheita dos vegetais e das especiarias e nas atividades na cozinha. Os treinamentos eram adaptados de forma que relacionassem os trabalhos cotidianos com os fundamentos do *Shuaijiao*. Um exemplo desse treinamento era a manipulação de jarros pesados feitos de barro, usados para fermentar os vegetais. A constante manipulação dos jarros cheios de vegetais e o revolver desse conteúdo faziam que os músculos se fortalecessem com movimentos que também auxiliavam o aprendizado dos fundamentos do *Shuaijiao*.

Carregar troncos de madeira e cortá-los para abastecer o fogo também se tornava parte do treinamento. A isso se somava o calor do fogo, constantemente alto dentro da cozinha, fator que tornava o treinamento mais árduo. Outra técnica de treinamento com o trabalho era a de colher feijões com a maior velocidade possível e colocá-los rapidamente dentro de um saco, usando um giro rápido de quadril. Carregar o saco que se enchia aos poucos e colher rapidamente os feijões proporcionava características essenciais ao *Shuaijiao*, pois o saco ficava cada vez mais pesado, dificultando gradativamente a velocidade da movimentação que, por esse motivo, deveria ser cada vez mais técnica. Nesse trabalho, eram usados diferentes movimentos, sempre relacionados aos movimentos do *Shuaijiao*.

Os métodos aplicados por Mestre Zhang ao treinamento de Chang Dongsheng proporcionou a este fama entre os lutadores de sua época, tanto que aos 19 anos já gozava de alto prestígio por suas técnicas de *Shuaijiao*. Em Baoding, existiam diversos estilos de *Baoding Kuaijiao*, porém o praticado por Chang Dongsheng se tornou muito famoso, pois ele misturou elementos de outros estilos de *Wushu* em seu repertório de técnicas, aumentando a eficiência em combate, assim como estudou diversos sistemas e os testou em lutas inúmeras vezes. Em 1933, aos 25 anos de idade, venceu o 5º Torneio Nacional de Guoshu, em Nanjing, e, após esse evento, alistou-se no exército nacionalista.

Ao ingressar no exército, foi designado para trabalhar como agente especial em uma tropa de elite chamada de *Hongqiang*, que significa "Muralha Vermelha"; no início, era apenas um simples comandado, porém, com o tempo, tornou-se comandante da unidade. O trabalho no exército lhe permitiu viajar por toda a China e conhecer diversos mestres e estudar suas técnicas. Diz-se que ele estudou com 50 mestres de diferentes escolas de *Wushu* e, com isso, diversos desafios lhe foram propostos, o que lhe proporcionou o desenvolvimento de seu nível técnico, aprendendo e mesclando outros estilos. Essa técnica é chamada de *Jiaohuan* (教换), que significa "trocar ensinamentos".

Isso pode ser exemplificado com a história de quando Chang Dongsheng aprendeu *Taijiquan*. Mestre Chang já detinha grande fama na China por sua técnica de *Shuaijiao* e, em uma oportunidade, estava na Academia Central de Guoshu, observando uma aula de *Taijiquan* ministrada pelo General Li Jing Lin e, especialmente, as técnicas de *Tuishou* (推手). O General Li perguntou ao Mestre Chang o que ele achava das técnicas apresentadas; prontamente, Chang respondeu que os alunos o deixavam ganhar em virtude de sua alta patente. Surpreso com a resposta, o General Li propôs uma disputa entre os dois, que foi aceita imediatamente por Mestre Chang. Todos os alunos foram convidados a sair da sala de treino e as portas foram trancadas de forma que o desafio não fosse presenciado por ninguém. O General Li usaria as técnicas de *Tuishou* e Mestre Chang, as de *Shuaijiao*. Após a disputa, os dois grandes mestres resolveram fazer um *Jiaohuan*: General Li ensinou *Taijiquan* e espada de *Wudang* (武当) e Mestre Chang ensinou as técnicas de *Shuaijiao*. O General Li também era especialista no estilo *Bajiquan* (八极拳).

Durante a invasão japonesa na China, Chang Dongsheng lutou com o exército nacionalista ao lado dos comunistas para expulsar os japoneses do seu país, e a vitória final veio em 1945. Após esse período de guerra contra as forças estrangeiras, estabeleceu-se uma disputa entre as duas facções políticas na China, os Nacionalistas, agora liderados por Chiang Kai-shek (蒋介石), e os Comunistas, capitaneados por Mao Tsé-Tung. Em 1948, Mao tomou o controle da China e iniciou a expulsão do exército de Chiang Kai-shek para Taiwan.

Nesse mesmo ano, aos 40 anos de idade, o Mestre Chang Dongsheng ganhou o 7º Torneio Nacional de Guoshu, em Nanjing, onde conquistou o título de campeão na categoria absoluto. Logo após esse último campeonato, partiu para Taiwan para viver na cidade de Chiayi, localizada no sul da ilha, onde permaneceu por dois anos, antes de se mudar para Taipé. Na capital, Mestre Chang foi convidado a ingressar na Universidade Central de Polícia (Zhongyang Jingcha Daxue), onde permaneceu como técnico de *Shuaijiao* por trinta anos, formando inúmeros instrutores. Lecionou ainda em diversos locais, como a Universidade de Cultura Chinesa, a Universidade Nacional de Taiwan, a Escola de Polícia Militar, entre outras instituições de ensino de Taiwan. Ainda ensinava *Shuaijiao* em sua casa para alguns alunos privilegiados, os chamados discípulos ou *Duzi* (独子). Em 1974, o governo taiwanês, reconhecendo todos os esforços e os trabalhos do Mestre Chang para o *Shuaijiao* e a cultura chinesa, promoveu o 10º *Deng* (十等), o chamado *Deng* da perfeição, dando-lhe a faixa com as cores vermelha, branca e azul, as cores da bandeira de Taiwan. Essa faixa nunca antes havia sido dada a um mestre vivo.

No início da década de 1980, Mestre Chang fez uma série de viagens ao Ocidente, com a finalidade de promover o *Shuaijiao*. Essas viagens foram incentivadas por alguns de seus melhores alunos que migraram para os Estados Unidos da América e para a Europa, com o intuito de introduzir o *Shuaijiao* no mundo ocidental. Fez demonstrações na França e nos Estados Unidos, além de chefiar a arbitragem de diversos campeonatos promovidos nesses países. Em julho de 1983, foi publicado um exemplar da *Black Belt Magazine* com uma extensa reportagem sobre ele. Algum tempo depois, em um sábado, no dia 29 de outubro do mesmo ano, na cidade de São Francisco, nos Estados Unidos, foi promovida uma grande exibição de *Wushu*, na qual Mestre Chang foi a atração principal. O evento se chamou 1983 Chinese Wrestling (Shuai Chiao) & Kung Fu Exhibition e contou com diversos mestres vindos de todos os lugares dos Estados Unidos e mais de mil espectadores.

No ano de 1983, Mestre Chang foi diagnosticado com um câncer no esôfago e sua saúde foi declinando a olhos vistos, até que, em 1986, ele veio a falecer, representando uma grande perda para as artes marciais chinesas. Ele foi sepultado, segundo as suas crenças, em um cemitério islâmico nos arredores de Taipé. Era chamado inicialmente de Fancy Butterfly, por sua leveza e fluidez durante o combate, quando envolvia e aprisionava seus adversários; posteriormente, seu apelido se tornou Iron Butterfly, por sua resistência e força. Segundo mestres contemporâneos, ele levou o *Shuaijiao* a níveis nunca antes alcançados e, com isso, deixou sua marca na história das artes marciais chinesas. O *Chang Kuaijiao* (常块跤) foi a escola que ele criou e o legado que deixou para as futuras gerações de praticantes de *Wushu*.

Após a morte do Grão-Mestre Chang Dongsheng, a International Shuai Chiao Association (ISCA), entidade fundada por ele, originou cinco grupos ou associações nos Estados Unidos. A United States Shuai Chiao Association (USSA), a própria ISCA, a American Combat Shuai Chiao Association (ACSCA), a Chinese Swai Jiao

Association (CSJA) e, por último, a American Center of Chinese Studies (ACCS). Todas essas instituições foram fundadas e mantidas por mestres consagrados, e formaram excelentes alunos ou discípulos. Implantaram, também, escolas em vários países, perpetuando o árduo trabalho do Grão-Mestre Chang Dongsheng.

Mestre Gene L. Chicoine conheceu o Grão-Mestre Chang Dongsheng, em Hong Kong, no ano de 1977. Em 1979, tornou-se discípulo em uma cerimônia em Taipé. Durante a fundação da ISCA, em 1982, foi nomeado vice-presidente da organização; tornou-se presidente da entidade em 1989 com a morte de seu mestre. A ISCA, atualmente, tem sede em Akron, Ohio.

David Lin é um dos mais antigos alunos do Grão-Mestre Chang. Foi o primeiro a cunhar o termo *Combat Shuai Chiao*. Atualmente, leciona em Atlanta, capital do estado da Geórgia, em sua academia, além de ensinar *Combat Shuai Chiao* na Escola de Antiterrorismo da Geórgia. O Mestre John Wang foi discípulo do Grão-Mestre Chang e tem mais de quarenta anos de experiência, com diversos títulos em campeonatos nos EUA e na China. Hoje, ele ensina *Combat Shuai Chiao* em Austin, no Texas. David Lin e John Wang fundaram a ACSCA em 1990, dando prosseguimento à reestruturação do *Shuaijiao* nos Estados Unidos.

A USSA foi fundada pelo Mestre Chi-hsiu Daniel Weng logo após sua saída da ISCA, em 1986. Iniciou seus treinamentos com o Grão-Mestre Chang na Universidade Central de Polícia, em 1968, quando já era graduado faixa preta em Judô. Durante a década de 1970, Mestre Daniel Weng foi instrutor assistente do Grão-Mestre Chang nessa instituição. Chegou aos EUA, onde iniciou o ensino de *Shuaijiao* e *Taijiquan* estilo *Chang*, em 1978. A sede da USSA se encontra em Cupertino, no estado da Califórnia.

O Mestre Jeng Hsing-ping, que treinou com o Grão-Mestre Chang na Universidade Central de Polícia de Taipé, onde exerceu o cargo de instrutor-chefe assistente durante treze anos, imigrou para os Estados Unidos em 1971, onde fundou a CSJA em 1989.

A ACCS foi fundada por Frank De Maria, dito um dos filhos adotivos do Grão-Mestre Chang Dongsheng. Essa associação funciona hoje em Nova York.

Na mesma época, ainda existiam outros alunos que também tinham grande importância para o *Shuaijiao* da escola do Grão-Mestre Chang Dongsheng e foram graduados por ele mesmo, mas não participaram diretamente dos movimentos separatistas promovidos após o seu falecimento, apenas acompanhando os amigos com os quais tinham mais afinidades ou, simplesmente, partindo para trabalhos independentes. São eles: Victor Ke, George Xu, Peter Chema, Mark Miller, Jim Mattox, Mat Molica, Dale McNoughton, Tim Norman, Rocky Byars, Geoff Cundiff, Gonzáles Hernandez e Jeff Williams.

Com esses mestres, professores e instrutores que pertenceram à terceira geração de *Baoding Shuaijiao*, outros alunos foram formados e estabeleceram escolas em diversos países, como: Alemanha, Brasil, França, Itália, Reino Unido e Suécia. Em Taiwan, o *Shuaijiao* sempre foi divulgado e treinado. Atualmente, é promovido pelo Mestre David Chang, neto do Grão-Mestre Chang Dongsheng, que está à frente da Taipei County Shuai Chiao Association, sediada na cidade de Taipé.

No Brasil, o *Baoding Shuaijiao* foi introduzido na década de 1990 por dois professores de origens diferentes. Um deles chamado Li Wing Kay, o outro, Antônio Roberto Salles Baptista; eles foram formados por diferentes mestres nos Estados Unidos.

O professor Antônio Roberto Salles Baptista, também conhecido como Roberto Baptista, ou, simplesmente, Betão, graduou-se professor 9º *deng* (九等) em *Shuaijiao* no dia 6 de outubro de 1993, pela ACSCA com o diploma nº 00037, assinado pelo Mestre John Wang, no Texas. Iniciou o ensino de *Shuaijiao* logo em seguida, dando cursos em Manaus, em São Paulo e no Rio de Janeiro, cidade em que formou sua primeira turma, com 33 alunos, da qual graduou como professores apenas dois participantes, em janeiro de 2000. Em 1998, o Mestre John Wang, em carta enviada à Confederação Brasileira de Kung Fu, presidida então pelo Mestre Enio Cuono, nomeou o professor Roberto Baptista como representante da ACSCA no Brasil para organizar e promover o *Combat Shuaijiao*. O professor Roberto Baptista, na ocasião, já era professor de *Shaolin* do Norte (*Bak Sil Lum* – 北少林拳) e de *Taijiquan*, formado pela Academia Sino-Brasileira de São Paulo, do Grão-Mestre Chan Kowk Wai, introdutor do *Wushu* no Brasil, em 1959.

Outro grande ícone do *Shuaijiao* contemporâneo é o Mestre Li Baoru, que nasceu em 1934, na cidade de Beijing, e iniciou seu treinamento em *Shuaijiao* durante a infância, com mestres oriundos de *Shanpuying*, da dinastia Qing. Seus principais mestres foram Man Baozhen, famoso mestre de Tongbei e *Shuaijiao*, e Bu Enfu, descendente do famoso Wang Xiangzhai, que viveu entre 1885 e 1963, com quem aprendeu

Yiquan e *Shuaijiao*. Atualmente, ensina *Shuaijiao*, estilo *Beijing*, na cidade de Beijing, especificamente, no distrito de Xuanwu, antigo bairro muçulmano localizado a sudoeste da Cidade Proibida. Ele é autor de dois livros publicados sobre o tema; um deles se chama *Contos Históricos do Shuaijiao da Capital*. Seu método de ensino é extremamente formal e mantém as tradições chinesas incorporadas ao seu modo de viver. É muito conhecido na China por sua técnica e sua experiência como atleta de sucesso durante a década de 1950, quando conquistou diversos títulos. Atualmente, é treinador da equipe profissional de *Sanda* (散打) e de *Shuaijiao*, em Beijing. Mesmo com idade avançada, ministra treinamento de *Shuaijiao* para vários lutadores famosos de *Sanda* da atualidade, sempre auxiliado pelo seu discípulo Ma Jianguo. É tido na China como uma biblioteca viva de *Shuaijiao* e das tradições dos antigos mestres de *Shanpuying*, além de ser muito respeitado pelos mestres de *Shuaijiao* mais importantes da atualidade.

O Mestre Ma Jianguo treina *Shuaijiao* desde criança com o Mestre Li Baoru. Tem extensa experiência em competições e em treinamento de atletas de alto rendimento. Ensina, também, *Shuaijiao* diariamente no distrito de Xuanwu. Atualmente, é diretor de competições do corpo governamental chinês de *Shuaijiao*, além de ser professor do curso nacional de certificação de árbitros de *Shuaijiao*.

O Mestre Wang Wenyong nasceu em Beijing, por volta de 1933, porém, sua família era da província de Liaoning e pertenciam à etnia Han. Estudou *Shuaijiao* com diversos mestres, mas o seu maior aprendizado se deu sob a orientação do famoso Mestre Jin Baosheng, sucessor de Chang Qinghu, ex-guarda imperial e membro do *Shanpuying*. Em sua carreira, conquistou diversos títulos em campeonatos durante o período de 1950 até 1960, quando fez parte da equipe de *Shuaijiao* de Beijing. Nessa época, conquistou cinco vezes consecutivas o Torneio de Beijing, ganhou diversas vezes o Torneio de Shanghai e lutou várias vezes o Torneio da Mongólia, vencendo lutadores famosos da região. É muito famoso na China pela sua técnica apurada e descontração ao ensinar, além de ser conhecido na Europa por sua incursão à França, para divulgar e ensinar o *Shuaijiao*, onde tem alunos que ensinam sua arte. Atualmente, mora em Beijing e ensina *Shuaijiao* estilo *Beijing*. Assim como Li Baoru, escreveu quatro livros sobre o *Shuaijiao* e seu método descontraído de ensinar; um deles se intitula *O estilo chinês de Shuaijiao*.

Yuan Zumou, nascido em 1940, na cidade de Shanghai, iniciou seu aprendizado de *Shuaijiao* aos 14 anos com o Mestre Song Zenpao e com seu filho Song Zenpao. Em 1958, ingressou no Instituto de Esportes de Shanghai, no qual o *Shuaijiao* era ensinado como modalidade desportiva moderna entre outros estilos de *Wushu* e esportes diversos. Nesse instituto, treinou *Shuaijiao* sob a supervisão de Zhou Zibing, com quem obteve seu diploma, em 1963. Destacou-se como atleta na República Popular da China em campeonatos regionais e foi campeão nacional em 1965. Foi também técnico de *Shuaijiao* da equipe de Shanghai durante vários anos. Na atualidade, é o responsável pelo ensino e pela difusão do *Shuaijiao* na Europa, onde organizou diversos campeonatos, seminários e cursos, inclusive o famoso Tournoi International de Shuaijiao – Coupe Du Maire de Paris por seis anos consecutivos. Atualmente, leciona *Shuaijiao, Taijiquan*, entre outros estilos de *Wushu* na Université Paris Sud-XI e tem alunos na França, na Suíça e na Alemanha. Seu *Shuaijiao* é fortemente influenciado pelo *Baguazhang*, estilo que treinou por diversos anos, e seu método de ensino tem forte enfoque esportivo.

1.4 O DESENVOLVIMENTO NO BRASIL

Em 2004, por determinação do então presidente da Confederação Brasileira de Kung Fu Wushu (CBKW), Mestre Nereu Graballos, foi criado o Departamento Técnico de *Shuaijiao*, que tem como objetivo divulgar e desenvolver o *Shuaijiao* em todo o território nacional, dando prioridade ao apoio técnico e teórico das federações filiadas, para implementar essa modalidade esportiva em seus estados. Para assumir o cargo de diretor técnico desse novo departamento, foi convidado o professor Marcelo Moreira Antunes. A partir de então, diversos cursos foram realizados para a formação de professores de *Shuaijiao*, iniciando-se pelo estado de São Paulo, com a formação de nove professores, em 2006; em seguida, Minas Gerais, formando oito professores, em 2007.

Nesse período, os demais estados filiados à CBKW não faziam um trabalho consistente no desenvolvimento do *Shuaijiao*, muito menos tinham professores formados, aptos a desenvolver a modalidade de forma adequada, tanto para a área esportiva quanto para a área da promoção da saúde. A CBKW ofereceu suporte às federações, para que esse trabalho fosse concluído. Para isso, promoveu cursos de formação de professores e de árbitros, além de intercâmbio com a China, para aprimoramento técnico.

Em 2008, o professor Marcelo Moreira Antunes viajou para Beijing, para estudar o *Shuaijiao* de *Beijing* com os Mestres Li Baoru e Ma Jianguo, e promoveu o ensino desse estilo no Brasil após o seu retorno. Tal fato iniciou uma fase de desenvolvimento técnico entre os professores já formados em *Baoding Shuaijiao*, aumentando o nível e a variedade técnica ensinada no Brasil. Até o ano de 2011, havia implantado o *Shuaijiao* em oito estados do Brasil (Acre, Ceará, Minas Gerais, Paraíba, Paraná, Pernambuco, Rio Grande do Sul e São Paulo), com 34 professores formados, entre eles um que, atualmente, leciona na Argentina. Em julho de 2011, levou uma equipe formada por sete atletas para o 4º Campeonato Sul-americano de Kung Fu Wushu, em Punta del Este, Uruguai, para a realização de uma demonstração de *Shuaijiao*, com o objetivo de implantar oficialmente a modalidade nas edições seguintes desse campeonato.

2 OS ESTILOS DE SHUAIJIAO

A diversidade cultural sempre esteve presente na história da China e isso se nota desde os primórdios da sua civilização, às margens do Huanghe, no início do período Neolítico. Nessa época, já era possível identificar culturas distintas como a Yangshao, a Longshan e a Xiaotung. Com a fundação da República Popular da China, em 1949, o governo reconheceu, como formadoras da nação chinesa, 56 etnias diferentes, todas com culturas específicas e, em sua maioria, com idioma próprio. O multiculturalismo chinês se estabelece, nesse contexto, sob o comando de um mesmo governo e dentro das fronteiras de uma mesma nação. Com tantas culturas compondo esse mosaico e se perpetuando com a manutenção das tradições por meio de suas crenças, línguas, folclore, artesanato e festividades, é quase impossível não supor que diversas técnicas de *Wushu* também se desenvolveram sob esse manto cultural diverso. Segundo Li e Du (1991), é difícil precisar quantos estilos de *Wushu* existem na China; contudo, é possível afirmar que existam mais de cem escolas e muitos estilos individuais originários dessas escolas, e essa diversidade também se aplica ao *Shuaijiao*.

Na China, a palavra *Shuaijiao*, de forma genérica, descreve todas as técnicas de luta que objetivam derrubar um oponente, sejam elas ocidentais ou orientais. O Judô, o *Jūjutsu*, o Sumô, a Luta Greco-romana, o próprio *Shuaijiao*, entre outros, pertencem a essa mesma categoria de luta, porém, sob o enfoque do *Wushu*, isso é um pouco diferente. O *Shuaijiao*, como técnica de *Wushu*, é um estilo bem particular, que teve sua origem nos primórdios da história chinesa. Diferencia-se pela região onde se desenvolveu e pelo estilo que adotou na execução de suas técnicas, além de seus métodos de treinamento e vestimentas. Weng (1984) afirma que, antes da fundação da Academia Central de Guoshu, em Nanjing, em 1928, havia cerca de 87 denominações diferentes para o *Shuaijiao* como técnica de *Wushu*, o que leva a crer que se configuravam como escolas e estilos diferenciados. No entanto, não se pode esquecer que a mesma técnica poderia ter nomes diferentes, dependendo da região ou da etnia que a praticasse, e, ainda, da época em que era praticada.

Na literatura consultada, poucas obras se concentram em diferenciar as escolas ou os estilos de *Shuaijiao*. As obras de Liang e Ngo (1997), Dong (2002), Ji (1994) e Shen (2007) não abordam a diferenciação entre as escolas ou os estilos de *Shuaijiao* existentes na China. A exemplo do que afirma o Mestre Ma Jianguo acerca dos estilos de *Shuaijiao*, os autores citados abordam o *Shuaijiao* como uma matéria chinesa, e essa é a sua maior característica. Segundo o Mestre Ma Jianguo, o *Shuaijiao* não deve ser visto como escolas ou estilos diferentes, pois, em sua essência e em seus princípios, não se diferencia, independentemente do local ou da escola em que seja praticado. A questão central é que existe um caráter regional que dá nome diferente ao *Shuaijiao*, e não princípios técnicos que o diferenciam. Cada região, escola ou etnia imprime ao *Shuaijiao* características diferentes quanto à vestimenta, ao enfoque das técnicas, às regras e à ritualística, nada além disso. Desse modo, o *Shuaijiao* é uma arte marcial chinesa, e não vários estilos de arte marcial chinesa.

Tendo em vista as palavras do Mestre Ma Jianguo, utilizar-se-á a classificação regional apenas para ilustrar as diferenças que o *Shuaijiao* evidenciou ao longo de sua história. Essa classificação serve apenas como parâmetro inicial para o entendimento do *Shuaijiao* como arte marcial chinesa, sem pretender estabelecer diferenças profundas quanto ao seu repertório técnico. Apesar de alguns autores enfatizarem essas diferenças, entende-se que os argumentos apresentados pelo Mestre Ma Jianguo são relevantes e devem ser levados em consideração para uma análise mais profunda do *Shuaijiao*. Nesse momento, será apresentada apenas uma classificação genérica, muito utilizada por autores que escrevem sobre o *Shuaijiao* no Ocidente.

Ao final da dinastia Qing, o *Shuaijiao* era muito famoso na China e, nessa época, quatro escolas eram as mais conhecidas: a Beijing, a Baoding, a Tianjin e a originária da Mongólia, *Bokh*. Essas escolas levaram os nomes de suas regiões de origem ou de desenvolvimento, à exceção da escola Mongol. Na literatura consultada, no entanto, encontram-se escolas ou estilos menos conhecidos pelo público que agora se aproxima do *Shuaijiao*. Além das escolas já citadas, encontram-se outras, como a de Xinzhou, muito conhecida no meio popular, na qual as técnicas de agarrar as pernas são muito fortes, pois treina-se sem o casaco ou *Dalian* (褡裢), e ainda a Shanxi, a menos conhecida dentre todas no Ocidente.

Embora menos famoso, sempre houve um estilo chamado *Sanshou Jiao* (散手跤), ou seja, *Shuaijiao* focalizando o *Sanshou*, em que se agarra muito pouco ou pelo menor tempo possível e, assim, executa-se uma queda rápida para marcar pontos pelas quedas. Essa técnica é uma adaptação do *Shuaijiao* para se utilizar quando se está de luvas de *Sanshou*, especialmente em caráter esportivo. Há alguns provérbios que indicam a adoção de técnicas de *Shuaijiao* em lutas de contato desde muito tempo na história da China. Uma delas é *Quanjiajiao Yigenggao* (拳加跤 艺更高), que significa "socos com técnicas de queda, a arte será mais apurada". Nas rodas de Beijing, *Sanshou Jiao* era vulgarmente conhecido como *Xigebojiao* (细胳膊跤), "*Shuaijiao* de braços finos", pois a sua aplicação não depende tanto da força bruta. O *Shuaijiao* puro era conhecido como *Cugebojiao* (粗胳膊跤), "*Shuaijiao* de braços grossos", já que força é um componente muito importante desse estilo.

As escolas de Beijing, Tianjin, Mongólia, Xinzhou e Shanxi são pouco conhecidas nas Américas até o momento; a de Baoding é a mais difundida. A escola de Beijing é mais conhecida na Europa, pela divulgação promovida pelo Mestre Wang Wenyong, com a escola de Shanghai, difundida pelo Mestre Yuan Zumou.

No estilo de Beijing, a movimentação é mais relaxada e penetrante, enfatizando-se as técnicas e posturas para segurar ou pegar, mantendo o oponente à distância das mãos. As posições são mais fechadas, os passos, mais amplos e a postura é mais agressiva, incentivando a pegada no *dalian* do adversário para promover o seu deslocamento e subsequente desequilíbrio. Desde 1911, a escola de Beijing sempre esteve muito presente, no meio popular, em razão da dissolução do *Shanpuying* ao fim da dinastia Qing. Muitos lutadores oficiais acabaram fazendo demonstrações em rodas nas ruas e nas praças do bairro Qianmen, na cidade de Beijing. A população muçulmana do distrito de Xuanwu, assim como a das etnias Manchu e Han do distrito de Chaoyang, sempre praticou *Shuaijiao*, e, assim, também manteve a tradição da escola de Beijing. Por esse motivo, houve um intercâmbio intenso entre os estilos oficial e popular. Das rodas de Qianmen, muitos praticantes do estilo popular participavam como ajudantes ou lutadores amadores, não menos habilidosos que os profissionais que saíram de *Shanpuying*. Dentre esses, destacam-se Bao Shanlin e Shen Yousan, principais "donos de rodas" em Qianmen, cujos descendentes formam o núcleo atual de *Shuaijiao* em Beijing.

A escola de Baoding é composta de diversas subescolas que têm estilos individuais, porém todos têm como característica marcante a velocidade. Por causa dessa característica, essa escola recebeu também o nome de *Kuaijiao*, que significa "derrubar rápido" ou, como ficou mais conhecida, *Baoding Kuaijiao*. Além da velocidade, a escola de Baoding caracteriza-se por uma movimentação ampla e forte: no momento em que se segura o adversário, é executada uma queda. As técnicas são feitas a partir de uma postura fixa, com a movimentação em um ritmo bem marcado. Essa característica se observa no treinamento das formas e se identifica um ritmo marcado por interrupções entre um movimento e outro. Outra característica marcante do Baoding são os golpes que envolvem pernas em "gancho" ou *Goutui* (钩腿). Essa escola foi a que mais divulgação obteve nas Américas, em virtude do trabalho árduo do Mestre Chang Dongsheng, iniciado no Instituto Central de Guoshu, em Nanjing. As características técnicas e metodológicas da escola de Baoding serão apresentadas adiante aprofundadamente, enfatizando-se o estilo desenvolvido pelo Mestre Chang Dongsheng, o *Baoding Kuaijiao*.

O estilo de Tianjin é uma técnica intermediária entre a Baoding e a Beijing, porém, muitas vezes, com movimentos mais brutos. Utiliza os braços em movimentos soltos, para testar o oponente e identificar o momento exato para a execução das técnicas de segurar e, em seguida, de derrubar. Durante o treinamento das técnicas, os braços não assumem posturas rígidas com as mãos cerradas na cintura ao final de cada execução, ao contrário, ficam soltos, permanecendo firme apenas o braço envolvido diretamente na ação. Além disso, a base furtiva ou *Daobu* (盗步), característica do *Shuaijiao*, é executada de forma bem baixa.

A escola de *Shuaijiao* da Mongólia, ou *Bokh*, como os mongóis a chamam, é praticada pelo seu povo desde os primeiros dias de sua história como forma de treinamento militar. Hoje, sua prática tem como objetivo preservar as antigas tradições de sua etnia. Anualmente, entre os dias 11 e 13 de julho, os mongóis promovem em sua capital, Ulan Bator, um festival chamado de *Naadam*, e, no primeiro dia, comemoram a sua independência. Os mongóis são exímios em golpes de impacto com as pernas, como *Banda* ou *Rodo*, também chamados de chutes (踢).

O *Naadam* é o encontro de um grande número de pessoas, como uma grande feira, nas estepes da Mongólia, cujo intuito principal é realizar uma cerimônia em homenagem a *Obo* – um amontoado de pedra com significado religioso –, além de trocar mercadorias e promover competições diversas. Na China, também se promove o *Naadam*, na região onde a população é predominantemente mongol. A população mongol é muito mais representativa dentro do território chinês que em países como a própria Mongólia, a Rússia e o Cazaquistão. Atualmente, na China, não há data fixa para essa festividade, apesar de geralmente ser no verão ou no outono e, frequentemente, no quarto dia do sexto mês lunar.

Nesse festival, os mongóis organizam jogos que são compostos por três modalidades: a corrida de cavalos, o tiro com arco e o *Shuaijiao*. Na modalidade *Bokh*, não há nenhuma categoria de peso ou de idade para participar dos jogos. Os lutadores usam botas pesadas, uma tanga justa – antigamente, era uma calça larga, parecida com as bombachas do sul do Brasil, ainda muito usada na China –, um par de mangas que se encontram pela parte de trás dos ombros, assemelhando-se a uma jaqueta curta e sem a parte da frente, e um chapéu pontudo de veludo. Os concorrentes entram no campo saltando e dançando, enquanto agitam os braços, imitando uma águia. O objetivo da luta é atingir o oponente, de modo que ele perca o equilíbrio e possa ser jogado no chão. Se tocar o chão com o cotovelo ou o joelho, a luta também será finalizada. O perdedor entra debaixo dos braços elevados do vencedor, em sinal de respeito, e desamarra o colete dele. O vencedor, saltando e dançando, como no início da luta, pega uma argola feita de tecidos coloridos, que está presa a uma bandeira no centro da área de luta. Ele é presenteado com prêmios simbólicos, como biscoitos e coalhos secos, que são partilhados com o segundo colocado e os demais participantes e expectadores.

Cada vez que alguém ganha um campeonato, recebe uma tira de tecido de cores variadas, que enrola no pescoço como um colar, chamada *Janga* (*Xiangquan* – 项圈), que, muitas vezes, torna-se uma verdadeira argola grossa, em razão da quantidade de tiras de tecido reunidas.

Os lutadores ganham títulos conforme vencem: cinco vitórias seguidas dão o direito ao título de *Falcão Republicano*; com sete, adquire-se o título de *Elefante*; e, com nove vitórias, *Leão*. Se for campeão em dois anos consecutivos, recebe o nome de *Gigantesco*; em três anos seguidos, é chamado de *Âmbito Nacional*; e, na quarta vez, é nomeado *Invencível*. Os vencedores do torneio recebem títulos honorários e são premiados com várias recordações. O prêmio principal é, porém, a popularidade em âmbito nacional e a fama que conquistam. Toda essa tradição em treinamentos e em jogos comemorativos levou os mongóis a se tornarem exímios lutadores de *Shuaijiao*, respeitados em toda a China.

Com o encurtamento das distâncias entre as regiões, promovido pelo desenvolvimento dos meios de transporte e de comunicação, o intercâmbio entre as escolas se tornou mais intenso e as características individuais de cada estilo começaram a diluir, tornando difícil a tarefa de caracterizá-las. Hoje, o que se pode dizer com certeza é que uma determinada escola tem mais influência em uma região que em outra. Existe, além das diferenças nas características regionais, uma grande mescla de técnicas e de incorporações de fragmentos de estilos diferentes dentro das escolas de *Shuaijiao*. Ao longo dos séculos, o *Shuaijiao* absorveu muito da diversidade cultural chinesa, de tal forma que ele pode ser incorporado a qualquer escola de *Wushu* tradicional ou moderno e se adaptar perfeitamente às necessidades técnicas delas, sem alterar as suas estruturas fundamentais. Por isso, o *Shuaijiao* é uma escola completa em si mesmo, mas pode perfeitamente compor o repertório técnico de um estilo tradicional sem que este perca suas características principais. Pode, ainda, servir como complementação de outras artes marciais que necessitem de um aprofundamento técnico de projeções, chaves e solo.

Várias lutas de outras etnias na China, como a dos tibetanos, dos uigures, dos Miao, dos Yi e, até mesmo, dos coreanos, são consideradas modalidades regionais de *Shuaijiao*. No entanto, suas regras e hábitos não são considerados manifestações da forma desportiva de *Shuaijiao*.

3 SISTEMA DE GRADUAÇÃO

Em suas visitas a cidade de Austin, no estado do Texas, Estados Unidos, entre os anos de 1981 e 1983, o Mestre Chang Dongsheng, enquanto ainda presidia a International Shuai Chiao Association (ISCA), estruturou todo o sistema de graduação que deveria ser adotado pelos professores por ele formados. Esse sistema se dividia em três faixas de cores distintas, que representavam níveis diferentes de aprendizado. Essas cores são o *branco*, para alunos iniciantes; o *azul*, para os alunos que têm alguma experiência no treinamento; e o *preto*, que é usado apenas pelos que se formaram professores. No nível de professor, ele ainda instituiu uma divisão em 10 níveis ou *deng* (等), que significa classe ou categoria.

Após a morte do Mestre Chang Dongsheng e com a divisão ideológica entre alunos, o sistema de graduação por ele criado sofreu diversas modificações, de acordo com as tendências e os objetivos de cada professor. Em geral, as graduações abaixo de professor tiveram uma remodelagem, ganhando subdivisões em graus, ou *jie* (阶) e variadas cores de acordo com o nível. Alguns professores ainda introduziram cores distintas para cada *deng*, a exemplo do que fez o Mestre Daniel Weng.

Os conteúdos ensinados também foram padronizados pelo Mestre Chang Dongsheng, sendo de livre escolha de cada professor o conteúdo ensinado até a faixa azul. Isso também foi alterado, e, hoje, fica a critério de cada professor formado pelo mestre a matéria que compõe cada graduação. No caso específico da American Combat Shuai Chiao Association (ACSCA), administrada pelos Mestres David Lin e John Wang, tanto os conteúdos quanto as graduações tiveram suas estruturas pouco alteradas em relação às propostas pelo Mestre Chang Dongsheng. Com relação às graduações, a faixa branca ganhou duas subdivisões e a azul, três. Com o objetivo de se adaptar às necessidades dos alunos ocidentais, as cores, porém, não foram alteradas. Quanto aos conteúdos, poucas alterações foram promovidas, mantendo-se, assim, as características propostas pelo mestre.

No Brasil, com a introdução do *Shuaijiao*, na década de 1990, o sistema de graduação adotado se apresentou de duas formas distintas. Uma seguiu a linhagem do Mestre Daniel Weng e a outra seguiu a linhagem do Mestre John Wang. De 1995, quando se iniciaram os primeiros cursos de *Shuaijiao* no Brasil, até o ano de 2004, a graduação do *Shuaijiao* seguiu essas duas propostas introduzidas inicialmente.

Com a assembleia geral da Confederação Brasileira de Kung Fu Wushu (CBKW), realizada em 2004, na cidade de Fortaleza, Ceará, e a consequente fundação do departamento de *Shuaijiao* na ocasião, o sistema de graduação adotado até então passou por um processo de análise e de revisão. Esse processo durou dois anos e, no final, foi elaborado um novo sistema de graduação a vigorar para todos os membros filiados à CBKW.

Esse novo sistema de graduação foi elaborado com base em dois critérios principais: organização didática e adequação às características culturais dos praticantes brasileiros. A organização didática se pautou na redistribuição dos conteúdos dentro das distintas graduações, de modo a permitir que as técnicas fossem agrupadas por similaridade e por grau de dificuldade na sua execução. Essa reorganização seguiu o conceito de se avançar no aprendizado do mais simples para o mais complexo, do mais fácil para o mais difícil. A adequação às características culturais dos praticantes brasileiros se norteou pela necessidade de se vislumbrar resultados rápidos frente aos treinamentos realizados. Essa perspectiva se encontra contextualizada na sociedade moderna em que o "*fast*" é um conceito hegemônico. Portanto, o praticante que pode visualizar todo o processo de aprendizado dentro de um período de tempo predeterminado e com delimitação clara de cada fase se sente mais motivado a praticar uma modalidade esportiva. A questão da graduação e das faixas é um recurso que atende sobremaneira essa demanda da nossa sociedade e, desse modo, atende ao propósito de divulgar e de difundir o *Shuaijiao* no Brasil. O sistema de graduação desenvolvido pelo departamento de *Shuaijiao* da CBKW, diante das perspectivas apresentadas anteriormente, configura-se como é apresentado no Quadro 3.1, a seguir.

Quadro 3.1 – Sistema de graduação e suas características

Graduação	Conteúdo necessário	Forma de obtenção	Tempo de permanência	Título
Bajie (八阶) – 8º *Jie* ou 8º Grau: faixa branca com 1 traço vermelho	3 formas e 2 projeções	Exame	4 meses	Não há
Qijie (七阶) – 7º *Jie* ou 7º Grau: faixa branca com 2 traços vermelhos	3 formas e 2 projeções	Exame	4 meses	Não há
Liujie (六阶) – 6º *Jie* ou 6º Grau: faixa vermelha	3 formas e 2 projeções Conhecimentos teóricos básicos	Exame	4 meses	Não há
Wujie (五阶) – 5º *Jie* ou 5º Grau: faixa vermelha com 1 traço azul	5 formas e 2 projeções	Exame	4 meses	Não há
Sijie (四阶) – 4º *Jie* ou 4º Grau: faixa vermelha com 2 traços azuis	4 formas e 5 projeções Conhecimentos sobre a história do Shuaijiao	Exame	4 meses	Não há
Sanjie (三阶) – 3º *Jie* ou 3º Grau: faixa azul	3 formas e 5 projeções Conhecimento das regras de competição	Exame	1 ano	Instrutor
Erjie (二阶) – 2º *Jie* ou 2º Grau: faixa azul com 1 traço preto	4 formas e 5 projeções	Exame	6 meses	Instrutor
Yijie (一阶) – 1º *Jie* ou 1º Grau: faixa azul com 2 traços pretos	3 formas e 6 projeções	Exame	6 meses	Instrutor
Jiudeng (九等) – 9º *Deng* ou 9ª Categoria: faixa preta	10 projeções, luta e curso de arbitragem	Exame	3 anos	Professor-assistente
Badeng (八等) – 8º *Deng* ou 8ª Categoria: faixa preta com 1 traço branco	10 projeções	Exame	3 anos	Professor-assistente
Qideng (七等) – 7º *Deng* ou 7ª Categoria: faixa preta com 2 traços brancos	10 projeções	Exame	3 anos	Professor pleno
Liudeng (六等) – 6º *Deng* ou 6ª Categoria: faixa preta com 1 traço vermelho	Mérito: contribuições e serviços prestados	Concessão	3 anos	Professor pleno
Wudeng (五等) – 5º *Deng* ou 5ª Categoria: faixa preta com 2 traços vermelhos	Mérito: contribuições e serviços prestados	Concessão	5 anos	Professor sênior
Sideng (四等) – 4º *Deng* ou 4ª Categoria: faixa preta com 3 traços vermelhos	Mérito: contribuições e serviços prestados	Concessão	5 anos	Professor sênior

Continua

Continuação

Graduação	Conteúdo necessário	Forma de obtenção	Tempo de permanência	Título
Sandeng (三等) – 3º Deng ou 3ª Categoria: faixa preta com 1 traço azul	Mérito: contribuições e serviços prestados	Concessão	8 anos	Mestre
Erdeng (二等) – 2º *Deng* ou 2ª Categoria: faixa preta com 2 traços azuis	Mérito: contribuições e serviços prestados	Concessão	8 anos	Mestre
Yideng (一等) – 1º *Deng* ou 1ª Categoria: faixa vermelha e azul	Mérito: contribuições e serviços prestados	Concessão	–	Mestre

4 CONCEITOS E PRINCÍPIOS APLICADOS AO SHUAIJIAO

O *Shuaijiao* tem como objetivo principal evitar que seu praticante seja lançado ao chão pelas técnicas utilizadas por um oponente, e, como secundário, derrubar esse mesmo oponente mediante ações que o levem a se desequilibrar.

Esse objetivo envolve os conceitos de equilíbrio, de estabilidade, de base de sustentação, de centro de gravidade, de alavanca, de força, de torque e de impulso. Cada um desses conceitos tem sua função e aplicabilidade prática no estudo da dinâmica do *Shuaijiao* e, por esse motivo, deve-se entendê-los de forma ampla e clara. Além dos conceitos baseados no estudo da cinesiologia e da biomecânica, deve-se estudar também os princípios técnicos utilizados na prática do *Shuaijiao*.

Neste capítulo, pretende-se apresentar, de forma breve e introdutória, os principais conceitos biomecânicos e princípios técnicos aplicáveis ao treinamento do *Shuaijiao*.

4.1 ALGUNS CONCEITOS DA EDUCAÇÃO FÍSICA APLICADOS AO *SHUAIJIAO*

Do ponto de vista biomecânico, serão apresentadas a seguir as definições de cada conceito pertencente ao estudo do movimento humano. Pretende-se, ainda, fazer uma aproximação desses conceitos com a prática efetiva do *Shuaijiao*, em que eles podem ser observados e aplicados. Inicialmente, serão apresentados os conceitos teóricos básicos da biomecânica, começando por: planos anatômicos de referência, inércia, força, centro de gravidade e peso. Em seguida, serão apresentados os conceitos mais complexos: torque, alavanca, equilíbrio e estabilidade, conforme Hall (2000). Esses conceitos teóricos fundamentam o estudo da ação das forças utilizadas na prática do *Shuaijiao*.

4.1.1 PLANOS ANATÔMICOS DE REFERÊNCIA

Os *planos anatômicos de referência* ou *planos cardinais* são três e dividem imaginariamente o corpo em três dimensões quando este se encontra em posição anatômica, ou seja, de pé, ereto, com os pés paralelos lado a lado, a cabeça alinhada, o olhar no horizonte, os braços posicionados lateralmente ao corpo e as palmas das mãos voltadas para a frente. Os planos anatômicos são chamados de *plano sagital* ou *anteroposterior*, plano frontal ou coronal e plano transversal ou horizontal. O plano sagital divide o corpo verticalmente em dois lados, o direito e o esquerdo, ambos com a mesma massa. O plano frontal divide o corpo verticalmente em uma parte anterior e outra posterior, ambas com massas iguais. O plano transversal divide o corpo em duas partes de mesma massa: uma parte superior e outra inferior.

4.1.2 INÉRCIA

Inércia é a resistência que um corpo exerce frente a uma mudança ou a uma ação específica. É a tendência que um corpo tem de se manter inalterado no atual estado de movimento, seja ele parado ou em velocidade constante. A quantidade de inércia é diretamente proporcional à massa de um corpo. *Massa* é a quantidade de matéria que constitui um corpo. Retirar um corpo de sua inércia é facilitar a aplicação das técnicas de *Shuaijiao* ou evitar a conclusão de uma ação iniciada pelo oponente em uma luta.

4.1.3 FORÇA

Força pode ser descrita como uma ação que incide em um corpo, promovendo um impulso ou uma tração. Cada uma dessas forças se caracteriza por sua magnitude, seu ponto de ação e sua direção em um corpo específico. O corpo humano sofre a ação de diversas forças, que podem ser: peso corporal, atrito e resistência do ar ou da água. Em uma análise do movimento corporal, de forma geral, deve-se levar em conta todas as forças que atuam sobre ele, para que o resultado seja o mais real possível. A avaliação global das forças atuantes sobre o corpo humano é de importância vital para uma ação efetiva em um combate de *Shuaijiao*. Havendo essa avaliação constante sobre as forças atuantes, pode-se mudá-las, imprimindo mais ou menos força onde se julgar necessário para a execução de uma técnica específica.

4.1.4 CENTRO DE GRAVIDADE

Centro de gravidade ou *centro de massa* é um ponto específico de um corpo em que o peso e a massa dele estão equilibrados igualmente em todas as direções. Quando se efetua uma análise do movimento, o deslocamento do centro de gravidade é um referencial do movimento corporal total.

Do ponto de vista da análise cinética, a localização do centro de gravidade determina as formas pelas quais um corpo reagirá às forças externas. A localização do centro de gravidade de um corpo humano pode ser efetuada em um laboratório especializado de biomecânica, utilizando-se para tal uma prancha de reação, que é semelhante a uma gangorra com uma balança em cada extremidade.

O corpo é mensurado de três maneiras distintas e, em todas elas, o peso registrado nas balanças deve ser igual. Uma das formas é com o corpo deitado; outra, com o corpo em pé e de frente; e a última, com o corpo em pé e posicionado de lado. A localização do centro de gravidade é importante para o estudo do movimento, pois, quando um corpo se move, é como se toda a sua massa estivesse concentrada nele.

A compreensão desse conceito e a percepção da localização do centro de gravidade do oponente, e de seu próprio, influenciam as formas de ação das técnicas utilizadas durante uma luta. O ponto em que se identifica a localização do centro de massa ou de gravidade é, coincidentemente, a mesma região do *Dantian* (丹田), definido como o Centro de Energia. O *Dantian* se localiza a meia distância entre as costas e o baixo abdome, na altura de, aproximadamente, quatro dedos abaixo da cicatriz umbilical. A distância desse ponto ao chão é um dado a ser observado com grande atenção, pois a relação entre a distância do centro de gravidade e o chão é inversamente proporcional ao equilíbrio, ou seja, quanto mais próximo ao chão esse ponto estiver, mais difícil se torna a ação de desequilíbrio.

4.1.5 TORQUE

Torque ou *momento da força* é o efeito rotatório causado pela aplicação de uma força excêntrica em um determinado corpo. Pode ser também considerado como uma *força rotatória*. Essa força faz que um corpo gire em torno dos seus próprios eixos, que, no caso de um corpo humano, são três, a saber: os eixos *transversal, sagital* e *vertical*.

Os eixos do corpo humano estão ligados aos planos anatômicos de referência. O *eixo transversal* é aquele que se posiciona perpendicularmente ao plano sagital; o *eixo sagital* é perpendicular ao plano frontal; e o *eixo vertical* é perpendicular ao plano transversal. Todo movimento efetuado em relação a um dos planos ocorre em torno do seu eixo perpendicular. As caminhadas com aplicação da força de tração ou impulso possibilitam o aumento do torque, o que facilita a aplicação de determinadas técnicas de projeção.

4.1.6 ALAVANCA

Alavanca, de modo geral, é uma haste rígida que se move ao redor de um eixo, porém, no corpo humano, a alavanca é composta por ossos e músculos, sendo que estes desenvolvem uma tensão para tracionar os ossos de forma a sustentar ou romper a resistência exercida pelo peso dos segmentos corporais ou cargas impostas a eles.

Existem três tipos de alavancas: as de *primeira classe*, as de *segunda* e as de *terceira*. As alavancas de segunda classe se constituem de forma que a força e a resistência estejam do mesmo lado do eixo, mas a resistência se encontra mais próxima dele; essas alavancas não apresentam similares conhecidas no corpo humano. Já as de primeira e de terceira classe têm similares no sistema musculoesquelético. Na alavanca de primeira classe, a força e a resistência estão em lados opostos do eixo do movimento; nas de terceira classe, a força e a resistência estão do mesmo lado do eixo, e a força está mais próxima dele.

O uso das alavancas é muito importante na dinâmica de uma luta de *Shuaijiao*, pois, pelo conhecimento que se tem delas, pode-se potencializar as aplicações das técnicas. Por exemplo: quando é aplicada uma chave, distendendo-se um membro completamente ou encurtando-o, há uma diminuição da possibilidade de ação daquela alavanca articular, pois não há espaço para contração muscular, fonte de força para o sistema. Ou, ainda, quando se coloca o pé próximo ao do oponente, para que se evite a movimentação dele, e uma força contrária é aplicada a esse possível movimento, forma-se uma alavanca.

4.1.7 EQUILÍBRIO

O *equilíbrio* é um estado apresentado pelo corpo em que as forças e o torque que atuam sobre ele estão balanceados. Manifesta-se sob duas formas: *estático* e *dinâmico*.

O *equilíbrio estático* se caracteriza pela imobilidade completa de um corpo e, para isso, deve atender a três fatores referentes a forças e torques: a soma das forças verticais deve ser igual a zero; a soma das forças horizontais deve ser igual a zero; e a soma de todos os torques deve ser igual a zero. Satisfeitas essas condições, pode-se dizer que um corpo está em equilíbrio estático.

Já o *equilíbrio dinâmico* pressupõe que o corpo esteja em movimento com todas as forças atuantes sobre ele, resultando em forças inerciais iguais, dirigidas em sentido oposto.

Quando um oponente se encontra tanto em equilíbrio estático quanto em dinâmico durante um combate de *Shuaijiao*, deve ter o equilíbrio quebrado, para que as técnicas de projeção sejam utilizadas com sucesso. Deve-se, então, aplicar forças para alterar o resultado zero do somatório das forças que mantêm o corpo em equilíbrio estático, ou mudar o sentido e a direção das forças atuantes no corpo que o mantém em equilíbrio dinâmico.

4.1.8 ESTABILIDADE

Estabilidade se define pela resistência que um corpo exerce para se manter em estado de equilíbrio, rechaçando as forças externas, como a aceleração linear ou angular. Em uma situação de luta, há a necessidade de se manter a estabilidade quando se é atacado ou se está atacando. Quando se executa uma determinada técnica, por vezes, há a necessidade de se diminuir a estabilidade, para que se obtenha sucesso. Nesse caso, há a transferência da diminuição de estabilidade para o adversário. A estabilidade está intimamente relacionada ao conceito de equilíbrio, pois este é a capacidade de um indivíduo controlar sua própria estabilidade. Os fatores que influenciam a estabilidade são a massa, o atrito e a base de sustentação. Pode-se dizer que, quanto maior a massa, maior é a capacidade de estabilidade que um corpo tem quando não há interação com outro corpo. No caso de uma luta, em que dois corpos interagem, a possibilidade de desequilíbrio também será grande, e isso se explica pela base de sustentação.

4.1.9 ATRITO

O *atrito* está diretamente relacionado à estabilidade por existir uma relação de proporcionalidade entre os dois. A estabilidade é diretamente proporcional ao atrito, pois o atrito é a causa e a estabilidade é o efeito; quanto maior for o atrito entre um corpo e a superfície na qual está apoiado, maior é a sua estabilidade. A base de sustentação é definida pela área circundada pelas bordas do corpo que estão em contato com a superfície em que ele se encontra em contato ou apoiado. No momento de uma luta de *Shuaijiao*, o lutador que tiver a maior massa terá a vantagem da estabilidade. Todavia, essa vantagem pode ser convertida em desvantagem quando o lutador se encontra em movimento. Se um oponente fixa a base de sustentação do adversário quando ele está em movimento, quanto maior a massa dele, maior será o desequilíbrio causado. Quem consegue manter uma maior base de sustentação terá o privilégio de manter uma melhor estabilidade. O atrito pode ser alterado pelo tipo de solo no qual ocorre a luta ou pelo calçado que os lutadores usam no momento. Um maior ou menor atrito pode ser benéfico ou prejudicial para um dos lutadores, pois pode impedir a execução de uma técnica adequada ou uma fuga estratégica rápida.

Como visto anteriormente, vários conceitos de biomecânica podem ser utilizados para estudar os movimentos realizados em um combate de *Shuaijiao* ou mesmo em seu treinamento, potencializando seus resultados. O conhecimento desses conceitos facilita a análise de fatores que podem modificar o resultado do treinamento aplicado a determinados alunos e atletas, ou mesmo nortear o planejamento de um treinamento visando ao aprimoramento de qualidades físicas específicas. Para o *Shuaijiao*, o conhecimento desses conceitos deve estar atrelado ao conhecimento dos princípios técnicos utilizados no treinamento e na luta propriamente dita. A seguir, serão apresentados os princípios técnicos preconizados pelos chineses para o treinamento do *Shuaijiao*.

4.2 PRINCÍPIOS TÉCNICOS APLICADOS AO *SHUAIJIAO*

Dentro dos diferentes estilos de *Shuaijiao*, existem princípios universais que fundamentam a aplicação das técnicas de projeção. Cada estilo focaliza mais um grupo de princípios que outros, e esse enfoque caracteriza os diferentes estilos de *Shuaijiao*. No estilo *Baoding Shuaijiao* ensinado pelo Mestre Chang Dongsheng, esses princípios foram reformulados e organizados, de modo a atender ao que ele pensava ser importante para o treinamento dessa modalidade. Para ensinar tais conceitos, ele compôs um poema formado por trinta palavras que representam os conceitos de maior importância, segundo seu ponto de vista.

Os poemas são, muitas vezes, utilizados nas escolas tradicionais de artes marciais chinesas para caracterizar um estilo, registrar os movimentos de um *Kati*, contar a história do estilo ou relatar a árvore genealógica de uma escola. No caso do *Baoding Shuaijiao*, o poema foi utilizado para descrever os conceitos a serem treinados pelos praticantes de *Shuaijiao*. O poema a seguir é atribuído ao Mestre Chang Dongsheng e apresentado na obra de Weng (1984), descrevendo os princípios a serem observados pelos praticantes de *Shuaijiao*:

吸搂勾拌削 *Xi Lou Gou Ban Xue*
蹲挑磨捍摇 *Dun Tiao Mo Han Yao*
捧转碾摆拉 *Peng Zhuan Nian Bai La*
圈超甩撞把 *Quan Chao Shuai Zhuang Ba*
撕捡弹揿滑 *Si Jian Tan Qin Hua*
抖打撒推拿 *Dou Da Sa Tui Na*

4.3 COMENTÁRIOS SOBRE OS PRINCÍPIOS APRESENTADOS NO POEMA

4.3.1 吸搂勾拌削 – *XI LOU GOU BAN XUE*

Xi – Absorver. Este princípio é um dos mais importantes, pois se refere ao movimento de ceder frente a um ataque. Absorver um golpe para aplicar uma técnica como um contra-ataque. A resistência a uma força pode não ser suficiente para evitar a desestabilização, então, ceder a uma ação pode representar a possibilidade de retomar ou manter a estabilidade.

Lou – Recolher ou apanhar. Este princípio diz respeito ao movimento de cavar ou de abaixar-se para recolher algo do chão. É como se uma pessoa se abaixasse para pegar as pernas de um oponente e, em seguida, as puxasse para trás e para cima ao mesmo tempo, promovendo um desequilíbrio.

Gou – Atrair ou pescar com um anzol. Este movimento é usado para capturar um braço ou uma perna do oponente ao utilizar uma postura em forma de gancho, tanto com os braços quanto com as pernas, de forma a provocar desequilíbrio no adversário pelo deslocamento do centro de gravidade.

Ban – Misturar. Este princípio descreve o movimento de mexer o oponente de um lado para o outro, segurando um ou dois braços. Pode também descrever o movimento de se trocar de lado ou de posição em relação ao oponente. O deslocamento do corpo do adversário de um lado para o outro facilita o deslocamento do centro de gravidade dele.

Xue – Raspar. Demonstra o movimento de raspar o chão ou de varrê-lo. Pode ser usado com a perna da frente ou com a de trás, ao golpear com a planta do pé na altura do tornozelo, objetivando deslocar o eixo de equilíbrio do adversário.

4.3.2 蹲挑磨捍摇 – *DUN TIAO MO HAN YAO*

Dun – Agachar. Abaixar-se em uma base ou postura para se evitar um golpe. Um ataque do oponente pode ser evitado utilizando-se este princípio. Pode, também, facilitar a aplicação de uma projeção específica. Esse movimento aproxima o centro de gravidade do chão, aumentando, assim, o equilíbrio corporal; quanto menor a distância entre o centro de gravidade e o solo, maior o equilíbrio.

Tiao – Pular ou encurtar a distância. Pular para escapar de um golpe ou para encurtar a distância entre os dois lutadores, objetivando a aplicação de uma projeção escolhida previamente. Esse pulo pode ser dado com um pé por vez ou com os dois pés juntos. A diminuição entre dois centros de gravidade pode facilitar a aplicação de uma técnica.

Mo – Moer ou triturar. Significa travar o movimento de ataque do oponente pressionando suas articulações para baixo e, em seguida, empurrá-lo na direção original do ataque. A aplicação deste princípio altera a resultante da força aplicada pelo adversário e permite a neutralização de uma "pegada".

Han – Repelir. Mandar de volta com um empurrão ou uma pancada. Neste princípio, o movimento é de aparar o ataque do oponente, bloqueando as articulações, e empurrá-lo de volta para a origem do movimento de ataque. A alteração do sentido da força facilita a aplicação de técnicas.

Yao – Sacudir. O princípio de sacudir demonstra como se deve mover o oponente, segurando-o pelos braços ou pela roupa de forma a desestabilizá-lo para uma execução de projeção. O movimento de sacudir deve ser feito de cima para baixo, e vice-versa, ou para a frente e para trás, alternadamente, fazendo que o tronco se desloque em relação ao centro de gravidade e o oponente seja obrigado a se mover.

4.3.3 捧转碾摆拉 – *PENG ZHUAN NIAN BAI LA*

Peng – Controlar ou segurar com as mãos. Este princípio demonstra como se utiliza o controle para a execução de uma técnica de projeção. Todas as técnicas de controle estão regidas por este princípio, que possibilita a mudança do centro de gravidade e o momento de se desestabilizar o equilíbrio corporal do oponente, além de se alterar a direção e o sentido da força por ele aplicada.

Zhuan – Girar. Girar o corpo segurando o adversário para deslocá-lo ou derrubá-lo é um princípio muito utilizado. Pode-se segurar um ou ambos os braços do oponente e girar o corpo sem, no entanto, soltá-lo. Isso possibilita uma queda direta ou a preparação da aplicação de uma projeção. Este princípio utiliza o torque como ação.

Nian – Enrolar ou descascar. Neste princípio, o objetivo é enrolar uma das pernas na perna do oponente, impossibilitando que ele escape ou execute uma técnica específica. Impede a ação de uma força específica.

Bai – Balançar. Executar um movimento de balançar ou pendular, de um lado para o outro, segurando um braço do oponente; essa é a característica deste princípio. Pode-se balançar segurando ambos os braços do adversário. O resultado é o deslocamento do eixo corporal e também do centro de gravidade.

La – Puxar. Este princípio enfatiza a importância de se puxar o oponente para que se diminua a distância entre os dois, de forma a impossibilitar um ataque ou para a aplicação de uma técnica de projeção. O eixo corporal é deslocado para desestabilizar o centro de gravidade do adversário.

4.3.4 圈超甩撞把 – *QUAN CHAO SHUAI ZHUANG BA*

Quan – Envolver. Significa enrolar o braço no tronco ou no braço do oponente com a finalidade de aplicar uma projeção. Usado também para desviar um ataque executando um movimento circular e penetrante, que envolve o adversário e impede a ação de ataque. Essa ação neutraliza a força utilizada pelo oponente, encurtando a distância entre os dois e possibilitando uma ação de contra-ataque.

Chao – Cortar. Este princípio aborda a ação de cortar o movimento de pernas ou de braços do oponente durante um ataque. A ação de cortar ou bloquear o movimento de ataque do adversário pode ser realizado tanto com os braços quanto com as pernas. Quebrar uma força de ataque pode, além de evitar uma projeção, facilitar a aplicação de uma técnica de projeção.

Shuai – Arremessar. É o princípio que enfatiza a utilização da direção do movimento adversário para derrubá-lo. Não há, nesse movimento, a ação de oposição, mas a de favorecimento do movimento adversário. Há um somatório vetorial das forças utilizadas pelo adversário, porém deslocando-se o próprio centro de gravidade para se evitar o choque entre forças.

Zhuang – Golpear. Diz respeito à utilização da parte superior do corpo, braços, costas, quadris, ombros ou cotovelos para impedir a aplicação de uma técnica pelo adversário ou para aplicar uma projeção mediante a um ataque específico. Utiliza-se a força de deslocamento do centro de gravidade com essas partes do corpo.

Ba – Pegar. Este princípio enfatiza o movimento de pegar e puxar, para desequilibrar um oponente e mudar seu centro de gravidade, de forma a facilitar a aplicação de uma determinada projeção. Este princípio pode ser aplicado segurando-se os braços, a roupa, a faixa ou as pernas do oponente.

4.3.5 撕捡弹揿滑 – *SI JIAN TAN QIN HUA*

Si – Rasgar. Refere-se à utilização das mãos para sair de uma ação de segurar o *dalian* e pegar do outro lado, ao mesmo tempo. Essa ação serve para impedir a ação do oponente e facilitar a aplicação de uma projeção. Impede o oponente de gerar inércia para facilitar uma projeção.

Jian – Recolher. É a ação de usar os pés para travar um movimento de fuga do oponente, aumentando o atrito e dificultando a movimentação. Pode ainda ser utilizado para puxar a perna do adversário gerando desequilíbrio; em seguida, aplica-se uma projeção específica.

Tan – Estalar. Este princípio descreve a execução de uma pancada na parte inferior do corpo do oponente, para deslocá-lo e facilitar a aplicação de uma técnica de projeção. Para isso, usam-se as mãos, as costas ou o dorso e as pernas, diminuindo a base de sustentação.

Qin – Pressionar ou cavar. É uma puxada para baixo auxiliada pelo abaixamento do centro de gravidade, que tem por objetivo derrubar o oponente, preparar a aplicação de uma projeção ou servir como ação complementar a uma técnica. Quando se aplica uma força para baixo e, ao mesmo tempo, diminui-se a distância entre o solo e o centro de gravidade, potencializando-se essa força, há um somatório vetorial.

Hua – Mudar ou alternar. Este princípio diz respeito ao movimento de mudar de lado, alterar a base, trocar o posicionamento ou alternar o peso do corpo, de uma perna para outra, com o objetivo de evitar uma ação ofensiva do oponente. Pode, ainda, proporcionar a aplicação de uma projeção determinada. Mudar a posição enfraquece a magnitude da força utilizada pelo adversário.

4.3.6 抖打撒推拿 – *DOU DA SA TUI NA*

Dou – Estremecer. Refere-se à execução de um tranco para baixo, segurando os braços ou a roupa de um oponente para desequilibrá-lo ou derrubá-lo. Pode ser usado para desestabilizar a estratégia do adversário em suas ações de ataque ou quebrar a força utilizada para uma ação específica.

Da – Golpear. Princípio relacionado à ação de golpear o ataque do oponente, como se fosse uma defesa, para impedir a aplicação de uma ação ofensiva ou apenas para facilitar a aplicação de uma técnica de projeção. É a aplicação de uma força contrária à que o oponente efetua.

Sa – Estender. Separar os braços do oponente e se mover de um lado para o outro, empurrando e puxando o oponente para criar a oportunidade ou o ângulo para aplicação de uma técnica de projeção. Aumentar o torque para que se facilite a execução de uma projeção.

Tui – Empurrar. Este princípio refere-se ao movimento de bater ou bater empurrando o oponente para impedir que ele execute um ataque bem-sucedido. É utilizado também como técnica complementar para a execução de uma projeção selecionada previamente. O deslocamento do centro de gravidade é muito importante neste princípio.

Na – Capturar. Diz respeito às técnicas de chaves utilizadas como facilitadoras da aplicação das técnicas de projeção. É o *Qinna* (擒拿), técnica chinesa de captura, torções e chaves, utilizado para execução das projeções, evitando-se que as alavancas sejam usadas e o adversário seja impedido de se deslocar livremente.

* * * * *

Os princípios demonstrados anteriormente devem ser conjugados com outros fundamentais. Estes princípios são: a *oportunidade*, o *tempo* e o *ângulo*.

A *oportunidade* envolve o acesso ao oponente de forma constante e intensa, objetivando estabelecer os pontos fracos e determinar as técnicas possíveis de se aplicar em certas circunstâncias oferecidas por ele. A ideia é determinar uma estratégia de ação e um número específico de movimentos que culminarão com a aplicação de uma técnica de projeção bem-sucedida. É como jogar xadrez: deve-se antecipar toda a movimentação até a jogada final. Além disso, este princípio determina a atenção à oportunidade oferecida pelo oponente para a realização de uma técnica.

O *tempo* ideal é aquele momento que se torna propício para a aplicação de uma determinada técnica. Esse tempo é fruto da utilização dos princípios descritos anteriormente, de forma a possibilitar o *tempo da aplicação* de uma técnica. Se o tempo estiver incorreto, a projeção terá fracassado e a oportunidade será transferida ao adversário. Tal princípio está vinculado à distância que se está do oponente e à velocidade de aplicação da técnica.

O *ângulo* de aplicação da técnica de projeção refere-se ao estabelecimento da posição mais adequada para a execução bem-sucedida de uma queda. Muitas vezes, uma técnica não pode ser aplicada com sucesso por causa do posicionamento inadequado. A oportunidade está correta, o tempo é preciso, porém o ângulo é incorreto, então, a técnica não será bem aplicada. O ajuste do posicionamento deve ser uma das preocupações básicas do praticante.

Outros pontos, que devem ser abordados como questões fundamentais da prática do *Shuaijiao*, são: a postura corporal ao receber uma projeção; como se levantar após uma projeção; qual a atitude mental durante uma luta; como manter a concentração; e, finalmente, como controlar o medo. A questão sobre a postura de queda e como se levantar será abordada no Capítulo 6.

A atitude mental deve ser sempre de preservar a vida. A utilização das técnicas para a autodefesa e a proteção de outras pessoas de uma ameaça física realmente iminente e irreversível deve orientar as ações de combate, a fim de engajar-se na solução rápida e eficiente da contenda. No contexto esportivo, a postura mental deve ser norteada pela manutenção da ação positiva para a conquista da disputa dentro das regras estabelecidas, sempre considerando o *fairplay*. O respeito ao oponente deve estar presente todo o tempo, pois ele também está ali para uma disputa esportiva. A motivação correta deve ser a simples vontade de se colocar à prova em uma situação de pressão real, de medir o próprio desenvolvimento. Qualquer motivação que envolva o desejo de prejudicar outra pessoa se torna uma postura mental incorreta para o contexto esportivo.

A manutenção da concentração durante uma luta deve ser conquistada por treinamentos prévios de concentração mental e técnicas de meditação. Escolas tradicionais dispõem de variado acervo dessas técnicas para levar seus alunos a alcançarem tal objetivo.

Samulski (2002) define que o medo se apresenta quando a expectativa permanece insegura também durante o transcurso da superação de exigências. Dessa forma, o medo se torna presente na mente do homem quando este se encontra em uma situação na qual não conhece o resultado final. É o temor pelo desconhecido, sentimento natural do ser humano, e, como tal, deve ser encarado, para que não tome proporções maiores do que ele realmente representa. O medo também se estabelece como reação humana normal que objetiva evitar a exposição do próprio homem a situações de perigo. Dominar o medo não significa bani-lo, mas, sim, conviver pacificamente com ele, sem deixá-lo interferir nos momentos cruciais da vida. Ele é o aliado que evita a ação impensada.

5 ASPECTOS GERAIS SOBRE A PRÁTICA

De um modo geral, a prática do *Shuaijiao* deve respeitar uma série de pressupostos a serem conhecidos e aplicados por seus praticantes. Esses conhecimentos norteiam a prática de estudantes ao longo da história do *Wushu* e não devem ser negligenciados, pois o custo desse ato seria o afastamento das raízes que deram origem às artes marciais chinesa. O afastamento de princípios que propiciam o bem comum e o desenvolvimento da sociedade como objetivaram os grandes sábios da antiguidade. Os benefícios da conduta norteada pelos princípios das artes marciais favorecem a todos que a seguem e, por isso, não se deve deixá-la de lado.

Grandes sábios pensaram profundamente em como beneficiar a humanidade, criando princípios que foram incorporados pelas artes marciais a partir do século V a.C. Os aspectos filosóficos, culturais, éticos e humanísticos sempre estiveram à frente de suas preocupações. As questões da saúde, do corpo, da mente e do espírito pautaram suas reflexões. Os pensadores que mais influenciaram as artes marciais chinesas foram Shakyamuni (Buda), Lao Tzu, Confúcio, Sun Tzu, e seus respectivos discípulos, além dos professores contemporâneos que seguem o caminho virtuoso. Cada um deles, ao enfatizar um aspecto da vida humana, contribuiu e contribui para a construção de um arcabouço de conhecimentos que dignificam a vida e que se constitui como eixo para uma conduta correta e virtuosa nas artes marciais.

A prática das artes marciais não se afasta das práticas da vida cotidiana, portanto, a conduta em um local de treino não deve se afastar da conduta da vida em sociedade. Desse modo, os ensinamentos de um professor de artes marciais devem estar intimamente ligados aos ensinamentos práticos para a vida em comunidade.

O que será apresentado a seguir pode se constituir como um eixo norteador para professores, instrutores, alunos ou leigos. Além disso, serão apresentadas questões de caráter conceitual relevantes para os praticantes de *Shuaijiao* e estudiosos das artes marciais.

5.1 ATIVIDADE FÍSICA E SAÚDE

Em preleção durante uma das seções de treinamento de *Shuaijiao* em Beijing, no mês de outubro de 2008, o mestre Ma Jianguo disse que o praticante de *Shuaijiao* não deve buscar o confronto como fim da sua prática, mas, sim, a saúde e o bem--estar de todos. Disse, também, que a simples atividade física proporcionada pelo *Shuaijiao* já se constitui como um caminho para a harmonia na vida e no convívio com as outras pessoas. Assim, praticar arte marcial deve estar além da perspectiva do confronto e de evitá-lo, da defesa, do ataque e da dominação de um oponente, mas deve estar focado no desenvolvimento pessoal, tanto no aspecto físico quanto no psicossocial.

Na perspectiva apresentada por Ma Jianguo, a prática da arte marcial se constitui como atividade física que deve ser realizada, prioritariamente, para o aprimoramento da saúde na dimensão mais ampla possível, desenvolvendo assim o homem integralmente. Outros estudiosos das artes marciais chinesas apontam para esse foco da prática, destacando os aspectos físicos, mentais e sociais proporcionados pelo *Wushu*. Para Wu, Li e Yu (1992), além de proporcionar efeitos curativos, como é o caso da prática do *Taijiquan*, as artes marciais possibilitam a manutenção da saúde mediante exercícios desenvolvidos no cotidiano do adepto. O desenvolvimento da capacidade cardiorrespiratória, da flexibilidade, da força e da circulação periférica são elementos que se destacam a partir da prática regular. Segundo Li e Du (1991), a prática das artes marciais demandam concentração e determinação, o que estimula o desenvolvimento mental e espiritual, favorecendo, assim, a inteligência e o caráter criativo do ser humano.

Pelo apresentado anteriormente, pode-se afirmar que a prática constante do *Shuaijiao* favorece a saúde do seu praticante de forma ampla e consistente. Assim, praticar *Shuaijiao* se constitui como uma possibilidade de atividade física para a promoção da saúde integral do ser humano, da relação com os aspectos culturais que a modalidade envolve e do caráter esportivo que a modalidade permite aos seus praticantes. Entretanto, como afirma o mestre Ma Jianguo, o eixo principal da prática das artes marciais deve ser a saúde e a socialização de seus praticantes.

5.2 ÉTICA MARCIAL (*WUDE* – 武德)

A conduta em sociedade deve ser sempre observada, a fim de colocar o indivíduo em harmonia com os demais componentes de seu grupo social, e o primeiro passo para essa conduta harmoniosa é o desenvolvimento da ética.

Para Boff (2003), o declínio da qualidade de vida e o aumento da violência em todos os níveis se originam, em grande parte, de uma profunda crise de valores que afetam os fundamentos da ética. Estabelece-se, então, a necessidade de se buscar na ética uma ferramenta básica para instituir a paz, refrear a violência e recuperar um estado de vida harmônico e de grande qualidade.

Ética é uma palavra de origem grega que alude às coisas concernentes ao *ethos*, que, por sua vez, significa "morada". Segundo explicação de Boff (2003), é o que se constitui de relações que o homem mantém com a natureza, determinando uma parte dela para sua morada, estabelecendo uma condição de equilíbrio com os que habitam com ele, para que sejam cooperativos e pacíficos, e com os vizinhos, para que haja mútua ajuda e cortesia. Dessa forma, a ética fundamenta todas as relações humanas, inclusive, e primeiramente, com o interior do homem, *a existência última do homem*. A ética é, ainda, os princípios e as convicções de um indivíduo.

Pela ética, criam-se valores morais para nortear e delimitar as relações sociais, que são moldadas dependendo da época e do contexto social, porém, sem nunca esquecer a sua base, a sua origem, a ética. Os valores morais podem ser éticos ou não, pois moral, segundo Castro (1976), é tudo que faz que um grupo social trabalhe no mesmo sentido, para um objetivo comum, seguindo normas estabelecidas com base na observação de outras ciências, e que podem variar segundo cada contexto sócio-histórico. Já a ética é universal a todos os homens.

Deve-se, portanto, antes de tudo, observar na ética humana aquilo que realmente torna o homem feliz, pacífico e cooperativo. Aquilo que o leva a obter o caminho entre os extremos, a suficiência no agir e no viver. Isso favorece a redução do desejo descontrolado e o aprender a desejar na justa medida, que, segundo Girard (2001), é o cerne da origem da violência.

Para Aristóteles (2001), a ética é uma capacidade humana, como a força física e o pensar, e, portanto, pode ser treinada, aprendida, desenvolvida pela educação. Isso torna a busca pela ética uma tarefa possível e real, bastando a vontade dos homens e a escolha de métodos para realizá-la. Em linhas gerais, Aristóteles (2001) determina que o objetivo da ética, como parte da filosofia, é determinar a felicidade como bem supremo para os homens e que a finalidade da vida humana é usufruir dessa felicidade da forma mais sublime possível, utilizando, para isso, o método da contemplação.

A ética de Aristóteles ainda deveria investigar as formas com as quais se torna possível garantir essa felicidade e também possibilitar o desfrute dela. Sendo o homem um ser social, deve, também, preocupar-se com tal possibilidade para as outras pessoas, como familiares, grupo social e membros da mesma cidade ou nação.

Nas artes marciais chinesas, a ética é desenvolvida por três eixos de pensamentos. O taoísmo, o confucionismo e o budismo. Essas três doutrinas ou religiões fornecem elementos norteadores das condutas éticas dos praticantes de artes marciais, cada uma com a sua contribuição. Por certo, cada uma delas teve maior ou menor influência na constituição da ética marcial, dependendo da época histórica e de seus governantes. De acordo com a história da civilização chinesa, a cada dinastia, a doutrina mais beneficiada era aquela que caía nas graças do imperador. Portanto, quando o imperador praticava o taoísmo, os templos taoístas recebiam mais verbas e apoio para desenvolver suas práticas. Isso ocorreu com o budismo e com o confucionismo também. Desse modo, de tempos em tempos, a doutrina vigente dava a sua contribuição à formação ética e cultural do povo chinês.

5.2.1 TAOÍSMO

O *taoísmo* é uma das religiões mais antigas da China – já que o xamanismo ainda está presente na China, em regiões remotas ou entre as minorias étnicas – e foi cunhada, através dos séculos, baseando-se na observação da natureza para a construção de sua doutrina. Lao Tzu é considerado o seu mais significativo pensador, aquele que iniciou o processo de sistematização dos conhecimentos filosóficos do taoísmo.

Para entender o taoísmo é necessário entender o conceito chinês do *Tao*, palavra que significa "caminho" ou "estrada" e, por extensão, também pode significar "método", "princípio" ou "doutrina". Para os chineses, a harmonia e o funcionamento ordeiro que perceberam no universo, pelo estudo dos astros, eram manifestações do *Tao*, uma espécie de vontade ou legislação divina que existe no universo e o regula; em outras palavras, em vez de acreditarem em um Deus Criador, que controla o universo, eles atribuíram ao Céu a causa de tudo.

Aplicando o conceito do *Tao* a assuntos humanos, os chineses acreditam que existe um modo natural e correto para realizar todas as coisas, e que tudo e todos têm seu lugar e sua função. Por exemplo: eles acreditam que, se o governante cumprisse seus deveres, tratando o povo com justiça e cuidando dos rituais sacrificais pertinentes ao Céu, haveria paz e prosperidade para a nação.

Similarmente, se as pessoas se dispuserem a buscar o caminho, ou *Tao*, e o seguirem, tudo seria harmonioso, pacífico e eficiente. Entretanto, se elas o contrariarem ou lhe resistirem, o resultado seria o caos e o desastre. Esse seguir o caminho ou o *Tao* se manifesta pelas ações corretas que não contrariam o fluxo natural das coisas ou do universo. Isso se manifesta nas relações sociais, às quais as pessoas estão ligadas. O conceito de seguir o *Tao* e não interferir em seu fluxo é um componente central do pensamento filosófico e religioso chinês.

5.2.2 CONFUCIONISMO

Visto que Confúcio pouco falou em Deus, muitos encaram o confucionismo apenas como doutrina que regula o comportamento social e não como religião. Todavia, o que ele disse e fez mostrou que ele era religioso. Pode-se identificar essa característica em dois aspectos de sua vida. Primeiro, ele tinha temor reverente de um supremo poder espiritual cósmico, que os chineses chamam de *Tien* (天), ou Céu, que ele considerava como a fonte de toda virtude e bondade moral, cuja vontade dirige todas as coisas. Confúcio dava grande ênfase à meticulosa observação de ritos e de cerimônias relacionadas à adoração do Céu e dos espíritos dos ancestrais falecidos. Embora

Confúcio jamais sustentasse tais conceitos como forma de religião, para gerações de chineses, eles se tornaram o que a religião realmente significa.

Confúcio deixou a família e assumiu a ocupação de mestre itinerante. Ele ensinava música, poesia, literatura, educação cívica, ética e ciência. Tornou-se muito famoso, pois chegou a ter, numa ocasião, nada menos que três mil alunos. No que diz respeito aos princípios da doutrina moral e ética, Confúcio (1997, p. 72) afirma que "Minha doutrina se resume em apenas uma coisa só, que abrange tudo. Toda a sabedoria consiste em aperfeiçoar-se a si mesmo e amar os outros como a si mesmo". Isso determina a busca do entendimento interior, a própria ética, e uma relação com os outros de forma igualitária e construtiva, para que possam viver pacífica e cooperativamente.

De forma geral, a ética é a base para as formulações de relações humanas harmônicas e deve ser buscada, em princípio, dentro do próprio ser, para que, depois, possa se externalizar e gerar equilíbrio em todas as relações do homem. Ainda nas palavras de Confúcio (1997, p. 91), "Vencer-se a si mesmo (controlar suas paixões), devolver a seu coração a honestidade que ele herdou da natureza, eis a virtude perfeita". A verdadeira ética é a busca dela em nosso interior, só dessa forma as outras desabrocham.

5.2.3 BUDISMO

Sidarta Gautama, que viveu no norte da Índia durante o século VI a.C., foi o fundador histórico do budismo. Em um dia de lua cheia, no mês de maio do ano de 623 a.C., ele nasceu. Nascido na realeza, com o passar do tempo, começou gradativamente a se inquietar com a verdade além dos portões do palácio. Ao ver um velho, um enfermo e um cadáver quando saiu do palácio para um passeio no reino, percebeu que todos, sem exceção, estavam sujeitos ao nascimento, à doença e à morte. Foi então que ele decidiu descobrir uma solução para esse conflito.

Ao renunciar a seus bens, à estabilidade e aos prazeres que um príncipe tinha direito, deixou o clã, cortou o cabelo, vestiu-se com a simplicidade de um asceta e saiu a peregrinar, objetivando encontrar as respostas, a verdade sobre a vida.

Passou seis anos em busca da resposta entre os mestres hindus, mas sem êxito. Os relatos sobre sua história nos dizem que ele se dedicou à meditação, ao jejum, à ioga e ao extremo desprendimento, porém não encontrou nenhuma paz ou iluminação espiritual. Por fim, ele veio a perceber que seu método de desprendimento extremo era tão inútil como a vida farta que levara antes.

Adotou, então, o que chamou de *Caminho do Meio*, evitando os extremos dos estilos de vida que seguira antes. Ao decidir que a resposta devia ser encontrada na sua própria percepção, sentou-se para meditar debaixo de uma figueira até encontrar a Iluminação. Por esse processo, na terminologia budista, Gautama tornou-se o Buda, o Desperto, ou o Iluminado. Ele atingira o derradeiro alvo de sua busca, o nirvana, o estado de paz e iluminação perfeita, liberto do desejo e do sofrimento. Tornou-se também conhecido como Shakyamuni (o sábio da tribo dos Shakyas).

O *budismo* se norteia por dois conceitos importantes, que são as quatro nobres verdades e o carma. As quatro nobres verdades são: a verdade do sofrimento, a verdade da origem do sofrimento, a verdade da cessação do sofrimento e a verdade do caminho que leva a cessação do sofrimento. O carma é a lei de causa e efeito que estabelece que para cada ação existe uma reação nem sempre de igual intensidade. Na maioria dos casos, a reação se estabelece como as ondas formadas ao se lançar uma pedra em um lago de águas calmas: elas se dirigem para todas as direções e não é possível determinar onde irão parar. Dessa forma, tudo o que acontece conosco é resultado direto de atos que cometemos no passado e o nosso futuro será determinado por atos que cometemos no presente.

Segundo Dalai Lama (2001), pode-se adquirir carma mediante dez ações não virtuosas, divididas em ações do corpo, da fala e da mente. As ações não virtuosas do corpo são matar, roubar e ter conduta sexual indevida. As da fala são mentir, promover a discórdia, a aspereza e falar em vão. As da mente são definidas como a cobiça, a má intenção e a visão errônea. Essas condutas levam o ser humano e seu próximo ao sofrimento e ao desequilíbrio em suas mais variadas dimensões. Desse modo, a ação de não cometer tais condutas leva o homem a um estado de equilíbrio interno e social que permite o bom convívio e cria condições para a realização da felicidade.

5.2.4 A CONTRIBUIÇÃO DE SUN TZU

Apesar de o taoísmo, o confucionismo e o budismo serem o tripé do pensamento ético marcial chinês, não se deve deixar de lado as contribuições de Sun Tzu ao desenvolvimento de um pensamento social das artes marciais. Sun Tzu era um general chinês que viveu no século V a.C. e foi um dos mais respeitados estrategistas do seu tempo. Influenciou diversos líderes e ainda é fonte de estudo de diversas áreas do conhecimento contemporâneo.

Para Sun Tzu (1999), os conceitos e os princípios que norteiam as artes marciais são fundamentados nas características naturais do ser humano e nas suas relações sociais e com a natureza. Para observar alguns desses conceitos, Sun Tzu (1999, p. 17) destaca:

> A arte da guerra é governada por cinco fatores constantes, que devem ser levados em conta. São eles, a Lei Moral, o Céu, a Terra, o Chefe, o Método e a Disciplina. A Lei Moral faz com que o povo fique de completo acordo com seu governante, levando-o a segui-lo sem se importar com a vida, sem temer perigos. O Céu significa a noite e o dia, o frio e o calor, o tempo e as estações. A Terra compreende as distâncias, grandes e pequenas, perigo e segurança, campo aberto e desfiladeiros, oportunidades de vida e morte. O Chefe representa as virtudes da sabedoria, sinceridade, benevolência, coragem e retidão. O Método e a Disciplina são a disposição do exército em subdivisões adequadas, as graduações de postos entre os oficiais e o controle dos gastos militares.

Nesse trecho, Sun Tzu denota as características a serem observadas nas artes marciais, que se estabelecem antes mesmo de existir o confronto, levando a luta a um conceito muito mais amplo, nas dimensões social, política, ambiental e cultural, no qual toda a sociedade está envolvida e comprometida.

A Moral leva a sociedade a trabalhar na mesma direção e conviver harmonicamente em prol do bem comum. Para Sun Tzu, a moral leva o povo a seguir seu governante em qualquer direção que ele determine.

O Céu e a Terra demonstram a importância do conhecimento sobre a natureza, sobre o ambiente circundante, e o quanto a integração com ela é necessária para se realizar as coisas da humanidade com sucesso.

O Chefe, para Sun Tzu, é simplesmente a representação e a efetivação das virtudes sociais, o exemplo a ser seguido, pois aquele que deseja um determinado comportamento dos outros, em primeiro lugar, deve realizar esse comportamento. O Chefe é aquele que mais trabalha para o bem-estar dos outros.

O Método e a Disciplina, apresentados por Sun Tzu, representam a organização da vida, a distribuição de tarefas por competência, a administração de recursos, enfim, é a responsabilidade com as coisas materiais.

Nos conceitos que compõem as artes marciais apresentados por *Sun Tzu*, a Moral engloba a socialização, a eliminação da discriminação, a construção do respeito pelo próximo, a dignidade, a solidariedade e o conhecimento cultural. O Céu e a Terra representam a consciência ecológica, as diferenças regionais e os limites do corpo humano. O Chefe é aquele que conduz o processo, o mediador, o professor responsável pela orientação dos seus alunos; ele demonstra a direção certa a ser seguida e é o exemplo do que buscar. O Método e a Disciplina são a filosofia que deve ser seguida para a realização de tarefas individuais e coletivas.

Os pensamentos de Lao Tzu, Confúcio, Shakyamuni e Sun Tzu, além de atravessarem os séculos até o atual momento histórico, influenciando diversas gerações de chineses, constituíram os alicerces da conduta marcial, ou ética marcial (*Wude*), das escolas tradicionais de *Wushu* que tiveram origem na China e, hoje, espalham-se por diversos países, do Oriente ao Ocidente.

5.2.5 O *WUDE*

O *Wude*, ou *ética marcial*, é a síntese do pensamento chinês aplicado às artes marciais, porém esse código de conduta, interno e externo, pode ser aplicado a qualquer pessoa, mesmo que não seja adepto das artes marciais.

O *Wude* se estruturou com base nos pensamentos de Lao Tzu, Confúcio, Shakyamuni e Sun Tzu e pela composição de duas dimensões do homem, a social e a mental. Ambas estão intimamente ligadas no que tange à sua importância para o homem social, apesar de descritas separadamente. Entretanto, essa separação não deve ser entendida como uma dissociação, pois as duas dimensões devem ser observadas pelo praticante em todos os momentos de sua vida. A dimensão social é descrita como a ética da conduta ou *Biaoxian* (表现) e pode ser entendida como a manifestação externa da ética do indivíduo ou a característica *Yang* (阳) do *Wude*. A dimensão mental é definida como a ética da mente ou *Jingshen* (精神) ou ainda a essência da mente, ligada ao aspecto interno do indivíduo ou caráter *Yin* (阴) do *Wude*. Como *Yin* e *Yang* têm características opostas, mas também complementares, eles não se excluem simultaneamente, mas sustentam a existência um do outro. Essa relação de interdependência está no cerne do pensamento filosófico chinês que estrutura o *Wude*.

Biaoxian, a *ética da conduta*, é composta por cinco elementos: *Qianxu* (谦虚), que é a humildade ou a modéstia; *Zunjing* (尊敬), o respeito; *Zhengyi* (正义), a retidão e a justiça; *Xin* (信), a verdade ou a credibilidade; e *Zhong* (忠), a lealdade. Cada um desses elementos deve nortear a conduta do indivíduo em sociedade, frente a seus pais, familiares, parentes, amigos, e assim por diante. Devem estar presentes em todas as ações do homem, para que ele se torne virtuoso e suas ações frutifiquem para o bem comum.

Jingshen, a *ética da mente*, estrutura-se por quatro elementos, que são: *Yizhi* (意志), a vontade, a intenção e a convicção ou a determinação; *Rennai* (忍耐), a paciência e a resistência; *Hengxin* (恒心), a perseverança; e *Yong* (勇), a coragem. Esses quatro elementos constitutivos da ética mental são o fator transformador do comportamento externo. É dito que a transformação deve, antes de tudo, ser realizada internamente para que, depois, manifeste-se externamente. Assim, desenvolver a ética da mente se faz necessário prioritariamente para sustentar uma verdadeira ética da conduta. Para isso, os chineses indicam a prática da meditação e da observação como ferramentas indispensáveis para o desenvolvimento do *Wude*.

5.3 LOCAL DE TREINO

O senso comum afirma que o lugar no qual se treina *Wushu* é especial, muitas vezes, sagrado. Entretanto, essa perspectiva está mais ligada às concepções japonesas de *Dōjō*

(道場) que às chinesas. O termo similar ao *Dōjō* em chinês é *Guan* (馆), que significa construção designada para um fim específico, que pode ser uma biblioteca, um museu, um restaurante, entre outros. Esse termo é usado frequentemente para se referir à academia ou à escola de *Wushu*, mas é um termo inadequado para esse propósito.

O *Wushu* era e ainda é treinado muitas vezes em locais abertos, praças, pátios, jardins ou campos de plantação, antes das sementes nascerem. Mesmo nas áreas urbanas e nas grandes cidades, a prática nem sempre é conduzida em uma academia, como pode facilmente ser observado na cidade de Beijing, na China, em que, ao amanhecer, em diversas praças e parques, ocorrem práticas de *Taijiquan* entre outros estilos de *Wushu*, inclusive o *Shuaijiao*. Isso dá ao *Wushu* um caráter diferenciado das artes marciais japonesas e, desse modo, também aos locais de prática. Assim, o termo *Guan* perde o seu sentido dentro da lógica chinesa para designar o local de treinamento do *Wushu*.

Partindo do princípio de que para se reunir pessoas para treinarem *Wushu* não se depende diretamente de uma construção para esse fim, o termo *She* (舍), que é sinônimo de *Guan*, é o mais indicado, apesar de significar "casa", "edifício" ou "construção"; no sentido marcial, quer dizer a reunião de pessoas em qualquer local para praticar *Wushu*, dando sentido de "família". Esse laço familiar é mais forte que as construções erguidas para elas. Pode-se, ainda, utilizar outro termo para essa união, que é *Juzhu* (居住), que significa coabitar ou viver junto. Esse termo se relaciona com *She* (舍) e imprime o caráter harmonioso do convívio entre as pessoas em torno de um mesmo objetivo, praticar o *Wushu*. Apesar do termo *She* (社) ser mais utilizado para designar academia de artes marciais, *She* (舍) se estabelece como mais adequado para esse momento, no seu aspecto filosófico em relação ao convívio do qual se está dissertando.

Outra questão que merece destaque no local de treinamento, no caso específico do *Shuaijiao*, é a utilização de tatame. Tatame é um termo japonês que designa um colchão de pano recheado de uma vegetação específica e desidratada para esse fim. Na China, esse termo era desconhecido até a invasão da região da Manchúria pelos japoneses antes da Segunda Guerra Mundial, em 1931. Nessas regiões dominadas pelo exército japonês, a cultura chinesa manteve estreito contato com a japonesa e, desse modo, o termo tatame se tornou conhecido. Esse contato cultural, nada amistoso, entre o Japão e a China encerrou-se com o fim da Segunda Guerra Sino-Japonesa no ano de 1945, de acordo com as afirmações de Roberts (1999). A partir desse ponto histórico, algumas escolas de *Shuaijiao* se apropriaram desse elemento japonês e o incorporaram às suas rotinas de treino, entretanto, em muitas regiões, mantiveram-se os hábitos tradicionais na prática do *Shuaijiao*.

O *Shuaijiao* era treinado tradicionalmente em gramados ou em terra afofada com arados ou enxadas. Essas ferramentas de trabalho agrícola eram componentes fundamentais em uma escola de *Shuaijiao* tradicional, pois não se dispunha do tatame ou algo similar para a realização de treinos. Outro material também utilizado para os treinos de *Shuaijiao* era um tapete grosso, que era colocado sobre o local da prática e enrolado ao final da seção de treino, de exibição ou de competição. Atualmente, o treino de *Shuaijiao* ocorre utilizando-se o tatame de materiais modernos, tais como a Espuma Vinílica Acetinada (EVA), todavia, algumas rodas de *Shuaijiao* ainda são realizadas ao ar livre, em cima de tapetes ou terra afofada com arado, a exemplo das que ocorriam na China regularmente até meados do século XX.

5.4 ROUPA DE TREINO

A exemplo dos demais estilos de *Wushu*, o *Shuaijiao* também tem roupas características para a sua prática, que podem, ainda, variar de acordo com a escola ou o estilo específico de *Shuaijiao*. De maneira geral, o *Shuaijiao* é praticado com calças compridas de tecido natural, botas de couro ou tecido resistente com solado macio que protegem até acima do tornozelo, chamada de *Jiaoxue* (跤靴), e um colete feito de tecido grosso com meia manga e faixa para ser amarrada na cintura, fixando o colete ao corpo. Tanto as cores do colete quanto as da calça podem variar, entretanto, para competições oficiais, a cor da roupa é branca com detalhes em vermelho ou em azul, para diferenciar os lutadores. Os nomes tradicionais atribuídos a esses coletes são *Dalian* (褡裢), *Daling* (大领), *Jiaoyi* (跤衣) e *Shuaijiaofu* (摔跤服). Os nomes mais usados atualmente são *Dalian* e *Jiaoyi*.

Figura 5.1 – *Dalian*.

As diferenças significativas entre os diferentes *Jiaoyi* aparecem quando se comparam os diferentes estilos de *Shuaijiao*. O estilo da Mongólia, por exemplo, usa um *Jiaoyi* com botas de cano longo, calça colorida e bem larga, e colete de couro, com a frente aberta, que além de ser bem justo, contém aplicações de pequenos botões em metal como adorno. O estilo de *Beijing* utiliza calça comprida em tecido natural, bota de cano baixo e largo, colete bem fechado à frente, com meia manga, e faixa amarrada à cintura, para manter o colete firme. No estilo *Baoding*, as características são similares às do estilo *Beijing*, mas o colete é mais aberto à frente. Essas características peculiares são encontradas também no estilo de *Tianjin* e *Shanghai*. Existem, ainda, os estilos que utilizam apenas calças compridas e botas, com o tronco despido para treinar, a exemplo do estilo de *Shanxi*. Na etnia Miao, o *Shuaijiao* é praticado apenas com uma tanga parecida com as utilizadas pelos lutadores de sumô do Japão, demonstrando a possibilidade da influência do *Shuaijiao* sobre o desenvolvimento do sumô japonês, já que, durante a dinastia Qin (221 a 206 a.C.), houve expedições chinesas às ilhas japonesas, com o intuito de encontrar o elixir da vida eterna. Nesse processo de exploração dos chineses, algumas colônias foram estabelecidas no arquipélago vizinho.

Independentemente da roupa utilizada pelos praticantes de *Shuaijiao*, é prática comum o treino sem o *Jiaoyi*, deixando o tronco livre. Esse tipo de prática possibilita o desenvolvimento das habilidades de projetar o oponente sem o auxílio das pegadas na roupa, permitindo o uso das técnicas do *Shuaijiao* em qualquer circunstância. Desse modo, a versatilidade e a independência são características marcantes do *Shuaijiao*.

5.5 *SHUAIJIAO* E JUDÔ: PRINCIPAIS DIFERENÇAS

A necessidade de escrever sobre as diferenças entre o *Shuaijiao* e o Judô se apresentou por serem as duas modalidades muito similares diante dos olhares leigos dos praticantes de outras artes marciais. Até mesmo entre os praticantes de *Wushu*, expressões como "*Ah, isso parece com Judô!*", ou "*parece um Judô com quimono diferente!*" são identificadas. E, infelizmente, alguns professores de *Shuaijiao* usam o nome "Judô chinês" para divulgar e explicar o que ensinam. Isso se compara ao uso de muletas para se locomover sem que haja a necessidade delas.

É óbvio que o Judô tem uma divulgação ampla e uma história de introdução no Ocidente que remonta ao final da Segunda Guerra Mundial, com a imigração de japoneses para a Europa e as Américas – em 1964, por exemplo, foi introduzido como modalidade olímpica nos Jogos de Tóquio. Isso não se pode negar, mas essa divulgação se deu em razão de contextos sociopolíticos que favoreceram o Japão no cenário mundial durante o pós-guerra, e separaram a China do resto do mundo até o início da década de 1980, quando se estabeleceu o movimento de abertura, capitaneado pelo primeiro ministro chinês Deng Xiaoping.

Essa argumentação se faz necessária apenas para contextualizar o uso do Judô como referência simbólica na relação de divulgação do *Shuaijiao* no Ocidente. Vale ressaltar que, para divulgar o *Shuaijiao* como uma modalidade com identidade própria, é necessário que os praticantes e, principalmente, os professores saibam identificar as características de ambas as modalidades e que invistam tempo, sempre que for necessário e possível, para explicar o que é o *Shuaijiao*, suas características, origem e desenvolvimento. Para quando forem indagados se "*não é a mesma coisa que o Judô?*", eles saibam apontar as diferenças de forma clara e objetiva.

Para apontar as principais diferenças entre o *Shuaijiao* e o Judô, é necessário deter-se em seis tópicos importantes, que são: a origem, o local de treino, a roupa de prática, a técnica, o treinamento e as regras.

A *origem* do *Shuaijiao* foi extensamente apresentada no Capítulo 1. A origem do Judô se situa no século XIX, quando Kanō Jigorō se mobilizou para criar um esporte que tivesse características educacionais amplas. Duas questões são importantes no que se refere à origem de ambos: uma é o objetivo pelo qual se norteou o desenvolvimento de cada um e outra é a época em que foram criados. Para o *Shuaijiao*, o objetivo de seu desenvolvimento foi o aspecto bélico, de defesa pessoal pura e simples; para o Judô, o objetivo foi o caráter educativo que um esporte poderia proporcionar a uma sociedade com necessidade de afirmação no cenário mundial, já que Kanō Jigorō era professor na Universidade de Tóquio e o Japão entrava em um momento histórico de extremo nacionalismo (Cunningham, 1996; Kano e Lindsay, 1887, Kano, 1984; Robert, 1968). A outra questão é a época na qual foram desenvolvidos o *Shuaijiao* e o Judô. Enquanto o *Shuaijiao* surge quase em paralelo com o nascimento da civilização chinesa, o Judô já compartilha de um mundo muito mais civilizado e moderno, o que cria condições diferentes e um anacronismo significativo na comparação entre ambos.

Os *locais de treino*, como foi apresentado anteriormente, distinguem-se pelas características da construção e como ela é encarada em ambas as modalidades. Para o Judô, o local de treinamento é antes de tudo um local de reverência quase espiritual. Nas palavras de Kanō Jigorō, o local de treino ou *Dōjō* é como um monastério budista e deve ser reverenciado (Kano, 1994). A própria palavra *Dōjō* tem origem nos mosteiros de zen-budismo do Japão, o que lhe confere esse ar religioso. Ele descreve o *Dōjō*, além da atmosfera solene e espiritual, como um local no qual a limpeza é levada às últimas consequências, deve estar livre de obstáculos e os tatames, rigorosamente unidos, sem deixar espaços entre eles. Isso demonstra uma preocupação excessiva com a construção, com o edifício em si. Essa descrição demonstra o cuidado focado e exclusivo com o local, contrapondo-se à percepção chinesa de que o importante são as relações humanas e a prática da modalidade propriamente dita. Desse modo, o local de prática assume conotações completamente diferentes para os japoneses e para os chineses, estabelecendo-se aí um ponto de diferença de concepção.

A *roupa de prática* é outro elemento de oposição entre as duas modalidades. Para o Judô, a roupa de treino se chama *Jūdōgi*, composta de jaqueta, calça e faixa. A jaqueta e a calça devem ser de cor branca e a faixa, colorida, de acordo com a graduação do praticante. A questão da cor da faixa é enfatizada predominantemente por Kano (1994), para indicar a diferença de nível entre os praticantes e, ainda, entre mulheres e homens. No *Shuaijiao* tradicional, a cor da faixa não importa, desde que cumpra a sua função, que é a de prender o colete de forma justa ao corpo do praticante. Ainda para o *Shuaijiao*, a cor da roupa pode variar de acordo com o gosto ou a escola a qual pertença o praticante, demonstrando, assim, a pouca atenção dada a cor do *Jiaoyi*. Durante as competições, a cor da roupa ou da faixa se tornam importantes também para os praticantes de *Shuaijiao*, porém essa importância somente se estabelece nesses momentos mais regrados.

A ênfase na graduação e na hierarquia apresentadas por Kano (1994) é um ponto oposto ao da percepção chinesa, pois, para o praticante de *Shuaijiao*, a hierarquia e o respeito estão implicitamente ligados às relações humanas, não necessitando de ostentação material para determinar posições sociais. Um professor não precisa de crachá indicando que ele é o professor, pois essa relação se estabelece naturalmente. Porém, no Ocidente, a cultura da hierarquia ostensiva imprime sobre as práticas orientais uma demanda pela exposição clara dos níveis aos quais pertencem seus membros. Essa demanda também atingiu o *Shuaijiao* desenvolvido nas Américas. Assim, o sistema de graduação se fez necessário para a viabilização da difusão da modalidade nos países de cultura latina ou anglo-saxônica.

As *técnicas desenvolvidas* pelo *Shuaijiao* e pelo Judô encontram pontos divergentes e convergentes. Iniciando pelos pontos divergentes, identifica-se que o deslocamento nas bases durante a luta se faz de maneira diferente; o Judô se utiliza de deslocamentos ritmados e em linha reta (para a frente, para trás, para os lados e em diagonal), ao passo que o *Shuaijiao* utiliza a linha reta, mas, também, o caminhar em círculos e em movimentos parabólicos, e, ainda, os passos cruzando as pernas pela frente ou por trás.

O ritmo do deslocamento no *Shuaijiao* também difere do Judô, pois não é cadenciado, mas, sim, alterna velocidade e intensidade, sem marcar um ritmo.

Outro ponto divergente são os ataques na perna para promover a projeção. No Judô, os golpes são realizados com a sola do pé, como no *Deashi-barai* (出足払), *Hiza-guruma* (膝車) e *Sasae-tsurikomi-ashi* (支釣込足), ou com a parte posterior da perna, como no *Ōuchi-gari* (大内刈), *Ōsoto-gari* (大外刈) ou *Uchi-mata* (内股), apenas para citar alguns. Já no *Shuaijiao*, o ataque pode ser realizado com qualquer parte do pé ou da perna, incluindo a parte anterior da perna (canela) e lateral.

Como a roupa de prática é diferente, inclusive no tecido que a constitui, as técnicas de segurar também se diferem. No *Shuaijiao*, as mangas do *Jiaoyi* são curtas, assim, as técnicas de segurar a manga diferem sensivelmente. Outra forte diferença é que muitas das técnicas do *Shuaijiao* são realizadas sem a parte de cima do *Jiaoyi*, ressaltando uma diferença significativa na aplicação das técnicas em relação ao Judô, que só as realiza com o quimono.

O *treinamento* do *Shuaijiao* apresenta quatro elementos diferentes, são eles: o *treino de formas*, o *treino de projeção*, o *treino de luta* e o *treino com equipamentos*.

As *formas*, no *Shuaijiao*, são movimentos executados repetidamente, sem o auxílio de outra pessoa ou de equipamentos que visam preparar o corpo para a execução da projeção.

O *treino de projeção* é o momento em que o praticante executa as técnicas de derrubar o oponente, utilizando, para isso, o treino em dupla.

O *treino de luta* ocorre para que as técnicas de projeção sejam usadas em situações variadas e livres de controle, respeitando-se as regras de não ferir o oponente.

O *treino com equipamentos* se caracteriza pela utilização de determinados materiais de apoio para a execução de movimentos que desenvolvam o equilíbrio, a força, a flexibilidade e a potência muscular. Nesse aspecto, o treinamento das formas com equipamentos se estabelece como a principal e marcante diferença entre o *Shuaijiao* e o Judô.

As *regras* têm, basicamente, as seguintes diferenças: no *Shuaijiao*, não há o *ippon* (一本) que existe no Judô, a luta só termina com um golpe que inflige ao oponente um nocaute ou ao fim do tempo em que se decide o vencedor por quem realizou o maior número de pontos. A questão de cair de costas ou de lado não importa para o *Shuaijiao*, o que é importante é a eficiência na execução da projeção, que se define pelo grau de dificuldade da realização, pontuando-se diferentemente cada nível de dificuldade. Já no Judô, a luta se desenvolve em torno das técnicas que dão a possibilidade de lançar o oponente de costas ao chão, o que gera o fim da luta.

Os seis tópicos anteriormente apresentados descreveram as principais diferenças entre o Judô e o *Shuaijiao*, sem deixar dúvidas sobre as características de ambas as modalidades. Desse modo, a utilização do termo *Judô chinês*, ou da expressão *parecido com o Judô* são totalmente inadequadas para a explicação do que é o *Shuaijiao* e para a sua divulgação. Se forem adicionados o conhecimento sobre a história do *Shuaijiao* e os aspectos culturais que o envolvem às características apresentadas, constrói-se uma identidade forte e sólida, que dispensa a utilização de subterfúgios para a sua definição, apresentação e divulgação. A divulgação do *Shuaijiao* como atividade física ou modalidade esportiva deve ser feita com base nas suas próprias características e é isso que lhe dará a força necessária para a sua sustentação como uma arte marcial autêntica.

PARTE 2
APLICAÇÕES PRÁTICAS

6 CONTEÚDOS PRÁTICOS

Para que se alcance a eficiência nos princípios do *Shuaijiao* utilizados em combate, é necessário que se estude profundamente todos os fundamentos técnicos que compõem o treinamento de uma escola tradicional, independentemente do estilo a que ela pertença. De modo genérico, as escolas de *Shuaijiao* se orientam por fundamentos técnicos muito semelhantes, que norteiam a aplicação das técnicas de forma eficiente no decurso de um treino, de uma competição ou de uma luta real com fins de defesa pessoal. Tais fundamentos são compostos por: treinamento de posturas, movimentações básicas, condicionamento físico, estratégias de ação e atitudes mentais.

O treinamento das posturas básicas inclui o treino das bases e das posturas estáticas. As movimentações básicas incluem as técnicas de queda, de segurar, de bloqueio e de controle. O condicionamento físico trata das técnicas que desenvolvem qualidades físicas específicas para a melhor execução das projeções e incluem treinos de equilíbrio, estalos de faixa, trabalho com elásticos e pesos, em movimentação específica. As estratégias de ação serão desenvolvidas ao longo do treinamento, mediante conhecimento das técnicas de projeção e de suas necessidades contextuais para uma perfeita execução. As atitudes mentais se desenvolvem com a experiência criada nas lutas e com técnicas de respiração e meditação.

Para cada um desses fundamentos existem maneiras diferentes de se treinar. Quando internalizado individualmente, cada fundamento deve ser mesclado aos poucos com outros para que se aumente gradativamente o repertório técnico, obtendo, assim, maior sucesso na execução de uma queda. Quanto maior é a variedade de fundamentos mesclados no momento da luta, maiores serão as chances de uma técnica ser bem-sucedida em seu intento.

Porém, antes de iniciar qualquer treinamento físico é necessário que o corpo seja preparado adequadamente e, para isso, deve-se utilizar uma série de exercícios voltados para a prática específica; nesse caso, uma série que se compatibiliza com o treinamento de *Shuaijiao*.

6.1 EXERCÍCIOS PRELIMINARES

Em toda escola de *Wushu*, a necessidade de se preparar o corpo para o início da prática é algo observado com grande atenção. Cada escola, estilo ou professor enfatiza uma série de exercícios que objetiva a preparação do indivíduo para a prática efetiva das técnicas. Esses exercícios visam ao aquecimento do corpo, ao aumento da frequência cardíaca, à melhora da flexibilidade, ao alongamento dos músculos, enfim, geram condições para que exercícios e técnicas mais específicas sejam realizados com o menor risco de lesões e para maior rendimento do praticante. A seguir, serão sugeridos alguns desses exercícios preparatórios para o início da prática do *Shuaijiao*. Deve ficar claro que não se pretende esgotar as possibilidades de utilização dos exercícios apresentados aqui. Outros poderão ser incorporados ou substituídos de acordo com a experiência e o enfoque do praticante.

6.1.1 ROTAÇÃO DE PESCOÇO

Em pé, flexionar o pescoço para a frente e para trás, olhando alternadamente para cima e para baixo. Repetir 10 vezes para cima e 10 vezes para baixo.

Em pé, olhar para um lado e para o outro alternadamente, de modo que a ponta do queixo se alinhe com o ombro. Repetir 10 vezes para a direita e 10 vezes para a esquerda.

Em pé, flexionar o pescoço lateralmente, de modo que a orelha se projete na direção do ombro. Repetir 10 vezes para a direita e 10 vezes para a esquerda.

Em pé, girar a cabeça fazendo um círculo, o mais amplo possível. Realizar o movimento em sentido horário 10 vezes, depois alterar o sentido.

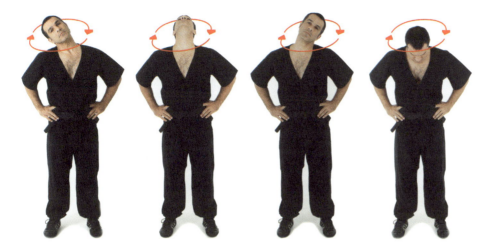

Figura 6.1 – Giro de pescoço.

6.1.2 GIRAR PUNHOS E TORNOZELOS

Em pé, entrelaçar os dedos das mãos, mantendo as palmas unidas. Girar o punho em sentido horário 10 vezes e, depois, inverter o giro para o sentido anti-horário.

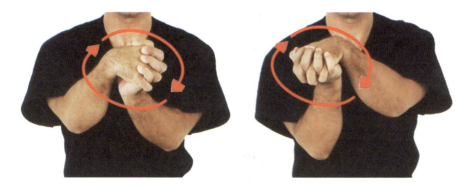

Figura 6.2 – Giro de punho.

Em pé, colocar o peso do corpo mais em uma perna que em outra. A perna que está com menos peso deve tocar o chão com a parte anterior da região plantar. Promover o giro do tornozelo sem perder o contato da ponta do pé com o chão.

Figura 6.3 – Giro de tornozelo.

6.1.3 ALONGAMENTO DE PERNA

Em pé, afastar os pés lateralmente, aproximadamente, na largura dos ombros. Flexionar uma das pernas e esticar a outra, com a região plantar dos pés em contato com o chão. Permanecer nessa posição por 10 segundos e, então, trocar o lado. Repetir mais 2 vezes essa sequência.

Figura 6.4 – Alongamento de pernas.

6.1.4 BASE ARQUEIRO – PALMAS DAS MÃOS JUNTAS ACIMA E GANCHOS PARA BAIXO

Em pé, avançar a perna esquerda, flexionando o joelho, e estender a perna direita; quadris voltados para a frente. Elevar ambos os braços acima da cabeça, unindo as palmas das mãos. Flexionar o tronco à frente, descer a cabeça até a altura do joelho esquerdo. Descer as mãos pela frente do tronco no início e, no final, deslocá-las para a lateral do corpo. Os braços seguem paralelos, no sentido posterior do corpo, fazendo um gancho com as mãos ao mesmo tempo. Repetir 10 vezes com a perna esquerda à frente e 10 vezes com a perna direita à frente.

Figura 6.5 – Base arqueiro, palmas juntas acima e ganchos abaixo.

6.1.5 BASE CAVALO COM ROTAÇÃO DO TRONCO (HORIZONTAL E VERTICAL)

Afastar os pés paralelamente, aproximadamente, na largura dos ombros, flexionar ambas as pernas, até que os quadris fiquem um pouco acima da altura dos joelhos. Estender os braços acima da cabeça e girar o tronco 10 vezes em sentido horário, desenhando um círculo horizontal em relação ao solo. Depois, girar em sentido anti-horário.

Figura 6.6 – Base cavalo e rotação de tronco.

6.1.6 VARRER PARA DENTRO

Em pé, colocar as mãos na cintura, flexionar a perna para dentro, elevando o pé, com a região plantar voltada para cima, até a altura do joelho da perna oposta. Repetir 10 vezes com cada perna, alternadamente.

Figura 6.7 – Varrer para dentro.

6.1.7 GANCHO DE PERNA PARA TRÁS (MÃOS NA CINTURA)

Afastar os pés paralelamente, aproximadamente, na largura dos ombros, flexionar ambas as pernas, até que os quadris fiquem um pouco acima da altura dos joelhos. Colocar as mãos na cintura, flexionar a perna para trás sem mudar a altura da base cavalo. Repetir 10 vezes com cada perna, alternadamente.

Figura 6.8 – Gancho de perna para trás.

6.1.8 CHUTE FRONTAL EM BASE ARQUEIRO

Em pé, avançar a perna esquerda, flexionando o joelho, e estender a perna direita; os quadris devem estar voltados para a frente. O pé que está à frente se move um pouco para a lateral e a perna direita se move à frente. Elevar o pé dorsiflexionado acima da cintura ou o mais alto possível. Em seguida, voltar à posição inicial. Repetir o exercício 10 vezes com cada perna.

Figura 6.9 – Chute frontal.

6.1.9 CHUTE CIRCULAR PARA FORA EM BASE ARQUEIRO

Em pé, avançar a perna esquerda, flexionando o joelho, e estender a perna direita; quadris voltados para a frente. Elevar a perna direita à frente do corpo, acima da cintura, e conduzi-la para fora, desenhando um semicírculo no percurso de volta à posição inicial. Repetir o exercício 10 vezes com cada perna.

Figura 6.10 – Chute circular.

6.1.10 GANCHO DA FRENTE PARA TRÁS EM BASE CAVALO

Afastar os pés paralelamente, aproximadamente, na largura dos ombros, flexionar ambas as pernas, até que os quadris fiquem um pouco acima da altura dos joelhos. Elevar a perna esquerda flexionada, de modo a formar um gancho para cima e, conduzindo a perna por trás para o lado direito do corpo, inverter a posição. Realizar o movimento 20 vezes alternadamente.

Figura 6.11 – Gancho para trás em base cavalo.

6.1.11 REZAR E CHUTAR PARA TRÁS

Em pé, colocar as mãos na cintura, flexionar a perna direita para dentro, elevando o pé, com a região plantar voltada para cima, até a coxa da perna esquerda, apoiando-o sobre ela. Ao mesmo tempo, com as mãos, palma contra palma, fazer uma posição de rezar. Em seguida, lançar a perna direita para trás e para cima, flexionando o tronco para a frente e, simultaneamente, levar a mão direita para a perna esquerda e a mão esquerda, fechada, para o lado esquerdo, na altura da cintura. Repetir o exercício 10 vezes com cada perna.

FIGURA 6.12 – Rezar e chutar para trás.

6.1.12 FLEXÃO DE BRAÇOS

Posicionar o corpo estendido paralelo ao solo, apoiado nas mãos espalmadas e nas pontas dos pés. Flexionar e estender os braços simultaneamente, mantendo o corpo estendido. Repetir o exercício de 10 a 15 vezes.

6.1.13 ABDOMINAL

Deitado em decúbito dorsal, flexionar ambas as pernas colocando as plantas dos pés no chão. Colocar as mãos atrás da cabeça e flexionar o tronco em direção às pernas em um ângulo de 45° entre as costas e o chão; voltar à posição inicial. Repetir o exercício de 20 a 30 vezes.

6.1.14 TESOURA

Deitado em decúbito dorsal, abrir os braços lateralmente, tocando o chão com as palmas das mãos. Virar os quadris para um dos lados do corpo, flexionando a perna que está mais próxima do chão e estendendo a outra. Elevar a perna estendida, seguida pela outra, que também deve estar estendida. Desenhar um arco em direção ao lado oposto do corpo, flexionando a perna estendida e estendendo a que estava flexionada. Repetir o movimento de 20 a 30 vezes.

6.1.15 VIRANDO NO CHÃO DE UM LADO PARA OUTRO

Deitado em decúbito lateral, pernas flexionadas, joelhos e tornozelos desalinhados, braços flexionados ao lado da cabeça e mãos fechadas atrás da cabeça. Virar o corpo em um único movimento para o lado oposto. Repetir o movimento de 15 a 30 vezes.

Figura 6.13 – Virando no chão.

6.1.16 SENTADO NO CHÃO, ROLAR PARA A FRENTE E PARA TRÁS

Sentar no chão com as pernas cruzadas, coluna ereta e mãos postas sobre as coxas. Jogar o corpo para trás, deitando de costas. Flexionar o tronco e elevar os quadris de modo que as pernas fiquem acima da cabeça. Relaxar e respirar profundamente por 3 vezes. Voltar à posição inicial. Repetir o exercício 10 vezes.

6.1.17 QUEDA PARA A FRENTE, DE JOELHOS

Ajoelhar sobre o chão, com o corpo estendido, braços flexionados com os cotovelos apontando para o chão e as mãos postas à frente do rosto, com as palmas voltadas para a frente. Deixar o corpo cair naturalmente, mantendo-o estendido até o final, quando as mãos devem amortecer a queda. Repetir o movimento de 10 a 15 vezes.

Figura 6.14 – Queda para a frente, de joelhos.

6.1.18 QUEDA PARA A FRENTE, EM PÉ

Em pé, com o corpo estendido, braços flexionados com os cotovelos apontando para o chão e as mãos postas à frente do rosto, com as palmas voltadas para a frente. Deixar o corpo cair naturalmente, mantendo-o estendido até o final, quando as mãos devem amortecer a queda. Repetir o movimento de 10 a 15 vezes.

Figura 6.15 – Queda para a frente, em pé.

6.2 MATÉRIA DO 8º *JIE* (*SHITI DE BAJIE* – 实体的八阶)

6.2.1 EXERCÍCIOS PRELIMINARES

6.2.1.1 Rolamentos

Rolo para a frente: agachar, flexionando o tronco sobre as coxas. Pernas totalmente flexionadas e unidas. Braços flexionados ao lado do corpo, mãos espalmadas à frente e queixo tocando o peito. Lançar o corpo à frente, rolando no chão e caindo na postura inicial.

Rolo para trás: agachar, flexionando o tronco sobre as coxas. Pernas totalmente flexionadas e unidas. Braços flexionados ao lado do corpo, mãos espalmadas à frente e queixo tocando o peito. Lançar o corpo para trás, rolando com as costas no chão até ficar na postura original.

6.2.1.2 Base arqueiro, braço dobrado ao lado da cabeça, rolar e cair em postura tradicional

Em pé, avançar a perna esquerda, flexionando o joelho, e estender a perna direita. Flexionar o braço direito, posicionando o cotovelo à frente e o punho fechado atrás da cabeça. Flexionar o tronco para a frente e para baixo, conduzindo o cotovelo para o espaço entre as pernas. A mão esquerda toca o chão ao mesmo tempo que o corpo rola com as costas no chão; finalizar com a postura tradicional de solo. Levantar e realizar o movimento com o outro lado do corpo.

FIGURA 6.16 – Rolamento em base arqueiro.

6.2.1.3 Andar, dobrar o braço ao lado da cabeça, rolar e cair em postura tradicional
Em pé, dar um passo com a perna esquerda, flexionar o braço direito, posicionando o cotovelo à frente e o punho fechado atrás da cabeça. Flexionar o tronco para a frente e para baixo, conduzindo o cotovelo para o espaço entre as pernas. A mão esquerda toca o chão ao mesmo tempo que o corpo rola com as costas no chão; finalizar com a postura tradicional de solo. Levantar e realizar o movimento com o outro lado do corpo.

6.2.2 POSTURAS DE LUTA E PEGADAS NO *DALIAN* (*JIAOJIA JIBEN BAWEI* – 跤架基本把位)

6.2.2.1 Posturas de luta
- *Zuojia* (左架): postura para o lado esquerdo.
- *Youjia* (右架): postura para o lado direito.
- *Gaojia* (高架): postura alta.
- *Aijia* (矮架): postura baixa.
- *Wujiazi* (乌架子): postura invertida.

6.2.2.2 Pegadas no dalian

As pegadas são essenciais para a execução de diversas técnicas de projeção utilizadas pelo *Shuaijiao*. Seu aprendizado, portanto, permite a realização das técnicas com maior eficiência e deve ser considerado muito importante para os praticantes de *Shuaijiao* já nos primeiros contatos com essa técnica. Existe, também, uma grande variedade de técnicas que não utilizam pegadas para a realização de *Shuaijiao*, entretanto, não serão alvo deste livro, necessitando-se de uma obra exclusivamente para esse fim. A seguir, são apresentadas as principais técnicas de pegadas utilizadas no *Shuaijiao*.

Daling (大领): gola por trás.

Figura 6.17 – Pegada na gola por trás.

Zhimen (直门): portão da frente.

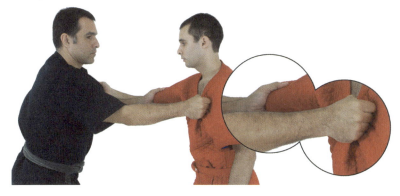

Figura 6.18 – Pegada no portão da frente.

Fangua Zhimen (反挂直门): portão da frente com a mão em postura invertida.

Figura 6.19 – Pegada no portão da frente com a mão invertida.

Pianmen (偏门): portão do lado.

Figura 6.20 – Pegada no portão lateral.

Xiaoxiu (小袖): manga.

Figura 6.21 – Pegada na manga.

Ruanmen (软门): portão flexível, um pouco acima da faixa.

Figura 6.22 – Pegada no portão flexível.

Zhongxindai (中心带): faixa pela frente.

Figura 6.23 – Pegada na faixa pela frente.

Houdai (后带): faixa pelas costas.

Figura 6.24 – Pegada na faixa por trás.

Xincha (心岔): ponta de baixo do *dalian*.

Figura 6.25 – Pegada na ponta de baixo.

Houqi (后契): borda de baixo, atrás do *dalian*.

Figura 6.26 – Pegada atrás na borda de baixo.

6.2.3 POSTURAS BÁSICAS

6.2.3.1 Três planos (pés juntos, pernas flexionadas, abrir e fechar as mãos)
Em pé, colocar os pés um ao lado do outro, bem juntos. Flexionar os joelhos o máximo que conseguir, sem perder o equilíbrio. Estender os braços à frente do tronco, na altura dos ombros, com as mãos abertas, espalmadas para a frente, dedos estendidos para cima. Fechar e abrir as mãos de 15 a 20 vezes.

Figura 6.27 – Três planos.

6.2.3.2 Olhar a lua *(pés em triângulo, uma das mãos abaixo do joelho)*

Em pé, cruzar a perna esquerda por trás da direita, colocando o pé esquerdo próximo ao pé direito. Flexionar o tronco, abaixar a cabeça e colocar a mão esquerda na parte anterior da perna direita. A mão direita fechada vai para a cintura direita. Olhar para cima pelo lado direito. Permanecer nessa postura de 10 a 20 segundos, depois executá-la para o outro lado.

Figura 6.28 – Olhar a lua.

6.2.4 *SHUAIJIAOSHI* (摔跤式): FORMAS

6.2.4.1 *Xieda* (斜打)*: golpe diagonal*

Em pé, avançar a perna esquerda, fazendo a base arqueiro para a diagonal esquerda e estendendo o braço esquerdo para a frente, levemente para a esquerda, na altura do ombro, com a mão espalmada. Flexionar o braço esquerdo, levando a mão esquerda fechada para a cintura e, simultaneamente, estender o braço direito na direção diagonal esquerda, com a mão espalmada à frente e os dedos para cima. Inclinar a cabeça para a frente e olhar para trás, pelo lado esquerdo. Inverter o lado da seguinte forma: unir os pés avançando a perna direita; a mão direita deve desenhar um círculo à frente do corpo; avançar essa perna para a diagonal direita, estendendo o braço para a mesma direção, com a mão espalmada.

Flexionar o braço direito, levando a mão direita fechada para a cintura e, simultaneamente, estender o braço esquerdo na direção diagonal direita, com a mão espalmada à frente e os dedos para cima. Inclinar a cabeça para a frente e olhar para trás, pelo lado direito. Repetir de 10 a 20 vezes cada movimento, alternando o lado.

Figura 6.29 – Golpe diagonal.

*6.2.4.2 Yinshouti (引手踢): **conduzir a mão e chutar***

Em pé, fazer um semicírculo com ambas as mãos à frente do corpo, da esquerda para a direita. Simultaneamente, recuar a perna direita para a diagonal direita e fazer a base arqueiro para trás, com a perna direita flexionada e a esquerda estendida. Ambas as mãos fechadas se posicionam próximas ao joelho direito. Desfazer o semicírculo, percorrendo o sentido contrário e, ao mesmo tempo, estender a perna esquerda, elevando o pé esquerdo acima da cintura. Retornar à posição inicial. Fazer o movimento para o lado esquerdo. Repetir de 10 a 20 vezes cada movimento, alternadamente.

Figura 6.30 – Conduzir a mão e chutar.

*6.2.4.3 Chuai (揣): **esconder-se dentro da roupa***

Em pé, joelhos levemente flexionados, pés afastados na largura dos ombros. Braços estendidos acima da cabeça, com as mãos unidas e os dedos entrelaçados. Flexionar o tronco, abaixando a cabeça e levando as mãos para trás por entre as pernas em um movimento rápido. Estender as pernas simultaneamente e retornar rapidamente à posição inicial, em um único movimento de descer e subir braços e tronco. Repetir de 10 a 20 vezes.

Figura 6.31 – Esconder-se dentro da roupa.

6.2.5 *DUIJIAOFA*: PROJEÇÕES

6.2.5.1 Xieda: golpe diagonal

Quando o oponente avançar com a mão direita para fazer uma pegada no colete pelo lado esquerdo, avançar para o lado esquerdo, bloqueando o antebraço dele e, ao mesmo tempo, com a mão direita espalmada, bater no ombro direito do adversário. Segurar o antebraço direito do oponente, empurrando-o para o lado, com o auxílio do braço direito, e, simultaneamente, passar a perna direita por trás da perna direita dele, estendendo-a imediatamente.

Figura 6.32 – Golpe diagonal.

- Variação 1: atacar com o ombro

Quando o oponente avançar com a mão direita para fazer uma pegada no colete pelo lado esquerdo, avançar para o lado esquerdo, bloqueando o antebraço dele e, ao mesmo tempo, com a mão direita espalmada, bater no ombro direito do adversário. Segurar o antebraço direito do oponente, aproximando-o do corpo, bater com o ombro direito no tronco dele e passar a perna direita por trás da perna direita do adversário, estendendo-a imediatamente.

Figura 6.33 – Golpe diagonal: primeira variação.

- Variação 2: forçar o braço para baixo

Quando o oponente avançar com a mão direita para fazer uma pegada no colete pelo lado esquerdo, avançar para o lado esquerdo, bloqueando o antebraço dele e, ao mesmo tempo, com a mão direita espalmada, bater no ombro direito do adversário. Segurar o antebraço direito do oponente, empurrando-o para baixo e para o lado, com o auxílio da mão direita, que pressiona o ombro direito dele também para baixo; enquanto isso, passar a perna direita por trás da perna direita do adversário, estendendo-a imediatamente.

Figura 6.34 – Golpe diagonal: segunda variação.

CONTEÚDOS PRÁTICOS ■ *111*

6.2.5.2 Yinshouti: conduzir a mão e chutar

Quando o oponente avançar com a mão direita para fazer uma pegada no colete pelo lado direito, empurrar, com a mão direita, o antebraço direito dele para o lado direito. A mão esquerda toca a parte posterior do ombro, também empurrando para o lado direito. Simultaneamente, recuar a perna direita e puxar o braço do oponente para baixo. Em seguida, movimentar o braço do oponente em direção ao chão, fazer um semicírculo para o lado esquerdo e chutar, de baixo para cima, na altura do tornozelo, a perna direita do oponente.

Figura 6.35 – Conduzir a mão e chutar.

- Variação: arrastar o pé que avança

Quando o oponente avançar com a mão direita para fazer uma pegada no colete pelo lado direito, empurrar, com a mão direita, o antebraço direito dele para o lado direito. A mão esquerda toca a parte posterior do ombro, também empurrando para o lado direito. Simultaneamente, recuar a perna direita e puxar o braço do adversário para baixo. Em seguida, movimentar o braço do oponente em direção ao chão, fazer um semicírculo para o lado esquerdo e, com o pé dorsiflexionado, arrastar na horizontal, pela parte posterior do tornozelo, a perna direita do oponente.

Figura 6.36 – Conduzir a mão e chutar: variação.

6.3 MATÉRIA DO 7º JIE (*SHITI DE QIJIE* – 实体的七阶)

6.3.1 EXERCÍCIOS PRELIMINARES

6.3.1.1 Rolamentos

Em dupla, segurar os braços um do outro, puxar para trás, soltar e cair.

Ambos agachados, um de frente para o outro, de mãos dadas, forçar o corpo para trás, sem soltar as mãos por alguns segundos. Em seguida, soltar as mãos e saltar para trás, caindo na postura tradicional de queda.

Figura 6.37 – Rolamento em dupla.

Em dupla, segurar os braços um do outro, pular em círculos, soltar e cair.

Ambos agachados, um de frente para o outro, de mãos dadas. Forçar o corpo para trás, enquanto ambos saltitam em círculo. Contar três saltitos, soltar as mãos e saltar para trás, caindo na postura tradicional de queda.

6.3.1.2 Em pé, um varre e o outro cai

Ambos em pé, um de frente para o outro, de mãos dadas. Um avança e o outro recua. Aquele que avança realiza um chute com a sola do pé na altura do tornozelo, puxando o braço do mesmo lado que realiza o chute para baixo. O que recua cai na postura tradicional de queda.

6.3.2 TÉCNICAS DE BLOQUEIO

6.3.2.1 Mexer o ombro

Deslocar o ombro para cima e para baixo ou para a frente e para trás, para evitar a realização de uma pegada na manga.

Figura 6.38 – Mexer o ombro.

6.3.2.2 Mexer o braço

Movimentar o braço, realizando um círculo no sentido horário ou no anti-horário, para evitar uma pegada na manga.

Figura 6.39 – Mexer o braço.

6.3.2.3 Palma em cima, gancho embaixo

Flexionar o braço ao longo da lateral do tronco, elevando a mão aberta até a altura da cabeça; em seguida, estender o braço para baixo, fazendo um gancho com as mãos. Dessa forma, evita-se uma pegada na manga, no portão da frente ou na faixa.

Figura 6.40 – Palma em cima, gancho embaixo.

6.3.2.4 Tapa no braço

Quando o oponente avançar um dos braços para realizar uma pegada, bloqueá-lo com um tapa no braço que realizou o avanço, evitando pegadas na parte de cima do *dalian*.

Figura 6.41 – Tapa no braço.

6.3.2.5 Mão na dobra do braço

Quando o oponente realizar uma pegada, pressionar a dobra do braço para baixo com a palma da mão.

Figura 6.42 – Mão na dobra do braço.

6.3.2.6 Palma no ombro

Realizar um golpe com a palma da mão no ombro do oponente quando este fizer uma tentativa de pegada ou se já realizou uma.

Figura 6.43 – Palma no ombro.

6.3.2.7 Palma na frente e atrás da cintura

Realizar um golpe com a palma da mão na região posterior ou anterior da crista ilíaca, com o objetivo de afastar a cintura do oponente.

Figura 6.44 – Palma na frente da cintura.

FIGURA 6.45 – Palma atrás da cintura.

6.3.2.8 Palma na coxa

Realizar um golpe com a palma da mão na região anterior da coxa, para impedir o deslocamento da perna do oponente para a frente ou para os lados.

FIGURA 6.46 – Palma na coxa.

6.3.3 POSTURAS BÁSICAS

6.3.3.1 Kuixing (魁星) aponta o inverno (uma perna levantada e uma das mãos acima da cabeça)
Em pé, elevar a perna esquerda flexionada; braço direito estendido à frente do corpo e esquerdo estendido acima da cabeça. Permanecer nessa postura por 10 segundos, depois realizar a postura no lado oposto.

Figura 6.47 – *Kuixing* aponta o inverno.

6.3.3.2 Afiar o machado (em base arqueiro)
Posicionar-se em base arqueiro com a perna esquerda à frente, ambos os braços estendidos à frente do corpo. Transferir o peso do corpo para a perna direita, flexionando perna e braços simultaneamente. As palmas das mãos devem ficar abertas e voltadas para baixo, como se deslizassem por uma superfície lisa. Retornar à posição inicial. Repetir o movimento de vaivém 20 vezes.

Figura 6.48 – Afiar o machado.

6.3.4 *SHUAIJIAOSHI*: FORMAS

6.3.4.1 Huanbo (環脖)*: envolver o pescoço*

Em pé, avançar a perna esquerda, fazendo a base arqueiro para a diagonal esquerda e estendendo o braço esquerdo para a frente, levemente para a esquerda, na altura do ombro, com a mão espalmada. Flexionar o braço esquerdo, levando a mão esquerda fechada para a cintura e, simultaneamente, estender o braço direito. Em seguida, flexioná-lo, de forma que o cotovelo se posicione na altura do ombro e o punho fechado próximo ao peito. Inclinar a cabeça para a frente e voltar o olhar para o lado esquerdo. Realizar o movimento para o lado direito, repetindo alternadamente de 15 a 20 vezes.

Figura 6.49 – Envolver o pescoço.

6.3.4.2 Qianjinti (前進踢): avançar e chutar

Em pé, com as mãos na cintura, avançar a perna esquerda, fazendo a base arqueiro para a diagonal esquerda. Em seguida, estender a perna direita, elevando-a acima da cintura ou o mais alto que for possível com o pé em dorsiflexão. A perna direita se aproxima da perna esquerda e avança para a base arqueiro na diagonal direita, recomeçando o movimento. Realizar o movimento de 15 a 20 vezes, sempre alternando o lado.

Figura 6.50 – Avançar e chutar.

6.3.4.3 Xiabawen (下把搵): *controle da cintura*

Em pé, avançar a perna esquerda, dividindo o peso do corpo entre as duas pernas, de modo que a esquerda fique com 40% do peso e a direita, com 60%. Estender os dois braços à frente, com as mãos abertas, como se abraçasse algo. Virar de costas, sem que os pés saiam da posição, mas transferindo as proporções do peso de uma perna para a outra; os braços devem permanecer na mesma posição e os punhos, fechados. Flexionar o tronco para baixo em direção às coxas, girar simultaneamente os braços de cima para baixo e unir as pernas estendidas. O braço esquerdo termina flexionado à frente do corpo, encostado nos quadris, e o braço direito flexionado, encostado na parte posterior do tronco. Repetir o movimento de 15 a 20 vezes, sempre alternando o lado.

Figura 6.51 – Controle da cintura.

6.3.5 *DUIJIAOFA*: PROJEÇÕES

6.3.5.1 Kou (搲): *apanhar o joelho*

Quando o oponente avançar com a mão direita para fazer uma pegada no colete pelo lado esquerdo, avançar para o lado esquerdo, bloqueando o antebraço dele e, ao mesmo tempo, com a mão direita espalmada, bater no ombro direito do adversário. Segurar o antebraço direito dele, deslocando-o para baixo. Soltar o braço direito e apanhar a perna direita do oponente, segurando-a por trás do joelho e elevando-a. Simultaneamente, empurrar o tronco do adversário com a mão direita, até que ele seja derrubado.

FIGURA 6.52 – Apanhar o joelho.

- Variação 1: empurrar o joelho para dentro e o ombro para fora

FIGURA 6.53 – Apanhar o joelho: variação.

6.3.5.2 Xiabawen (下把搵): *controle da cintura*

Quando o oponente avançar para fazer uma pegada com as duas mãos, controlar, com a mão esquerda, o braço direito dele e, com a mão direita, bloquear o braço esquerdo do adversário. Em seguida, a mão direita vai para a parte posterior da cintura do oponente, puxando-o, para aproximá-lo. Simultaneamente, virar o corpo, aproximando os quadris do oponente, e segurar o braço direito próximo ao corpo. Nesse ponto, os pés estão próximos um do outro, paralelos entre si; as pernas estão flexionadas e o oponente está preso pelo braço e pela cintura. Em um único movimento, estender as pernas, flexionar o tronco para baixo e puxar o braço direito do oponente para baixo, mantendo-o preso até a conclusão da projeção.

FIGURA 6.54 – Controle da cintura.

- Variação: andar mais para fora e aplicar o golpe na lateral dos quadris

FIGURA 6.55 – Controle da cintura: variação.

6.4 MATÉRIA DO 6º *JIE* (*SHITI DE LIUJIE* – 实体的六阶)

6.4.1 TÉCNICAS DE CONTROLE

6.4.1.1 *Cruzar por cima*

Em pé, frente a frente com o oponente. Ele tenta fazer uma pegada dupla. Pegar ambos os antebraços do oponente e, em seguida, cruzá-los, um por cima do outro, puxando mais forte o que cruza por cima.

Figura 6.56 – Cruzar por cima.

6.4.1.2 Cruzar por baixo

Em pé, frente a frente com o oponente. Ele tenta fazer uma pegada dupla. Pegar ambos os antebraços do oponente e, em seguida, cruzá-los, um por baixo do outro, puxando mais forte o que cruza por baixo.

6.4.1.3 Torcer e apertar

Quando o oponente tentar fazer uma pegada pelo lado, segurar o braço dele com as duas mãos. Uma das mãos segura próximo ao punho e a outra, na altura do cotovelo. Fazer um movimento de torção do braço do oponente para fora, apertando-o simultaneamente.

Figura 6.57 – Torcer e apertar.

6.4.1.4 Puxar e cruzar por baixo

Quando o oponente tentar fazer uma pegada dupla, pegar ambos os braços dele, segurar pelos antebraços, próximo aos punhos, puxando-os para trás e para baixo. Em seguida, cruzar um dos braços por baixo do outro, puxando-o e dando continuidade à puxada para trás.

6.4.1.5 Pressionar o cotovelo para dentro

Quando o oponente fizer uma pegada em um dos lados do *dalian*, pressionar o cotovelo de fora para dentro, impedindo que o oponente estenda o braço.

FIGURA 6.58 – Pressionar o cotovelo para dentro.

6.4.1.6 Cobrir a mão

Quando o oponente segurar o *dalian*, pressionar a mão que está segurando contra o tronco, utilizando as duas mãos, de modo a não permitir que ele escape. Simultaneamente, puxá-lo para baixo e executar um tranco.

FIGURA 6.59 – Cobrir a mão.

6.4.1.7 Puxar e empurrar o ombro

Quando o oponente fizer uma pegada no *dalian*, empurrar e puxar seguidamente o ombro do lado em que ele está executando a pegada.

FIGURA 6.60 – Puxar e empurrar.

6.4.2 POSTURAS BÁSICAS

6.4.2.1 Colhendo arroz (cotovelo dobrado em cavalo de lado)

Iniciar a postura com a base cavalo pequeno. Estender a perna esquerda e manter flexionada a direita. O braço esquerdo é flexionado, com o punho fechado próximo ao tórax, e o cotovelo, na altura do ombro. O punho direito fechado é posicionado na altura da cintura, do lado direito. O olhar deve estar direcionado para o lado esquerdo. Permanecer nessa postura de 10 a 15 segundos, depois trocar o lado.

Figura 6.61 – Colhendo arroz.

6.4.2.2 Posição combinada (cavalo alto, braços abertos, abrir e fechar as mãos)
Posicionar-se em base cavalo pequeno, postura alta, e elevar os braços estendidos lateralmente. Mantendo a postura, abrir e fechar as mãos, com força, de 20 a 30 vezes.

Figura 6.62 – Posição combinada.

6.4.2.3 Suportar o céu (de lado, peso para trás, palmas à frente e acima da cabeça)

Iniciar a postura com a base cavalo pequeno. Estender a perna esquerda e manter flexionada a direita. Elevar o braço direito acima da cabeça, com a palma da mão posicionada para cima. O braço esquerdo estendido é elevado até a altura do ombro e a palma da mão esquerda deve voltar-se para o lado esquerdo com os dedos apontando para cima. Permanecer nessa postura por 10 segundos, depois realizar a postura do outro lado.

Figura 6.63 – Suportar o céu.

6.4.2.4 Dragão preto brinca na água (perna para trás, mãos de dragão à frente)

Equilibrar-se em uma das pernas, a outra permanece estendida para trás. O tronco inclina-se para a frente, com os braços estendidos à frente. As mãos abertas, com os dedos separados e estendidos à frente. Permanecer nessa postura por 10 segundos, depois realizar a postura do outro lado.

Figura 6.64 – Dragão preto brinca na água.

6.4.3 *SHUAIJIAOSHI*: FORMAS

6.4.3.1 Suozhou (鎖肘): chave de cotovelo

Avançar a perna esquerda, fazendo a base arqueiro na diagonal. Estender o braço esquerdo para baixo, alinhado com a coxa esquerda, e flexionar o braço direito à frente do tronco, com o punho fechado na altura do ombro. A palma da mão direita fica voltada para o rosto. Para trocar o lado, abrir a mão direita, voltando a palma da mão para a frente, e executar o movimento para o lado direito, estendendo o braço direito para baixo e flexionando o braço esquerdo para cima, com o punho esquerdo na altura do ombro. Realizar o movimento de 10 a 20 vezes.

Figura 6.65 – Chave de cotovelo.

6.4.3.2 Pubai (扑摆): lançar a aba

Avançar a perna esquerda, fazendo a base arqueiro, simultaneamente, girar os braços, com as mãos abertas, de trás para a frente, passando por cima da cabeça. O braço esquerdo termina o movimento estendido para trás pelo lado esquerdo e o braço direito termina estendido para baixo, tocando a lateral da coxa esquerda. Flexionar o tronco para a frente e olhar para o lado esquerdo. Avançar a perna direita trocando o lado do movimento. Realizar o movimento alternadamente de 10 a 20 vezes.

Figura 6.66 – Lançar a aba.

6.4.3.3 Qianjin Houti (前進後踢): avançar e chutar para trás

Em pé, com as mãos na cintura, avançar a perna esquerda, fazendo a base arqueiro para a diagonal esquerda. Em seguida, estender a perna direita, elevando-a acima da cintura com o pé em dorsiflexão. Flexionar a perna direita, aproximando o pé direito da coxa esquerda. Depois, executar um giro no corpo para o lado esquerdo, estendendo a perna direita e fazendo a base arqueiro para a diagonal esquerda, na direção do primeiro movimento. Voltar à posição inicial. Realizar o movimento de 10 a 20 vezes, sempre alternando o lado.

Figura 6.67 – Avançar e chutar para trás.

6.4.4 *DUIJIAOFA*: PROJEÇÕES

6.4.4.1 Shangba Qianjinhou** (上把前進後)*: ***controlar a parte superior do corpo, avançar e derrubar com os quadris

Quando o oponente avançar para fazer uma pegada com as duas mãos, controlar, com a mão esquerda, o braço direito dele e, com a mão direita, bloquear o braço esquerdo do adversário. Em seguida, o braço direito envolve o pescoço do oponente, prendendo-o. Simultaneamente, virar o corpo, aproximando-se dos quadris do oponente, e segurar o braço direito próximo ao corpo. Nesse ponto, os pés estão próximos um do outro e paralelos entre si, as pernas estão flexionadas e o oponente está preso pelo braço e pela cabeça. Em um único movimento, estender as pernas, flexionar o tronco para baixo e puxar o braço direito e o pescoço do oponente para baixo.

Figura 6.68 – Controlar a parte superior do corpo e derrubar com os quadris.

- Variação: andar mais para fora e aplicar na lateral dos quadris

Figura 6.69 – Controlar a parte superior do corpo e derrubar com os quadris: variação.

6.4.4.2 Gaitouwen (蓋頭搵): *pressionar o topo da cabeça*

Quando o oponente avançar para fazer uma pegada com as duas mãos, controlar, com a mão esquerda, o braço direito dele e, com a mão direita, bloquear o braço esquerdo do adversário. Em seguida, a mão direita vai para a parte posterior da cabeça do oponente, puxando-a. Simultaneamente, virar o corpo, aproximando os quadris dele e segurando o braço direito próximo ao corpo. Nesse ponto, os pés estão próximos um do outro e paralelos entre si, as pernas estão flexionadas e o oponente está preso pelo braço e pela cabeça. Em um único movimento, estender as pernas, flexionar o tronco para baixo, puxar o braço direito do oponente para baixo e empurrar a cabeça em direção ao chão.

Figura 6.70 – Pressionar o topo da cabeça.

6.5 MATÉRIA DO 5º *JIE* (*SHITI DE WUJIE* – 实体的五阶)

6.5.1 TÉCNICAS DE CONTROLE

6.5.1.1 Abraçar o braço

Quando o oponente segurar o *dalian* com uma das mãos, executar uma técnica de controle com o braço do mesmo lado da pegada e, com o outro braço, envolver o braço do oponente por baixo, apoiando o corpo em cima do braço do oponente.

Figura 6.71 – Abraçar o braço.

6.5.1.2 Partir

Quando o oponente segurar o *dalian* com ambas as mãos, colocar uma das mãos em forma de gancho sobre o punho dele e, com a outra, apoiar-se no ombro do oponente por baixo do braço. Em seguida, executar um tranco, puxando a mão que está em gancho e empurrando com a mão que está no ombro. Simultaneamente, girar o tronco para o lado da mão que realiza o gancho.

Figura 6.72 – Partir.

6.5.1.3 Conduzir na diagonal

Quando o oponente avançar para fazer uma pegada, executar um desvio do braço, segurando-o com ambas as mãos e puxando-o para a diagonal posterior.

Figura 6.73 – Conduzir na diagonal.

6.5.1.4 Pegar o antebraço e puxar o cotovelo

Quando o oponente fizer uma pegada no *dalian*, executar uma pegada na altura do punho, com a mão do mesmo lado da pegada do oponente e com a outra mão no cotovelo. Com a pegada no cotovelo, executar uma puxada para dentro.

Figura 6.74 – Pegar o antebraço e puxar o cotovelo.

6.5.1.5 Pegar o antebraço e pressionar o cotovelo

Quando o oponente fizer uma pegada no *dalian*, executar uma pegada na altura do punho, com a mão do lado oposto da pegada do oponente e com a outra mão no cotovelo. Com a pegada no cotovelo, empurrá-lo para dentro.

Figura 6.75 – Pegar o antebraço e pressionar o cotovelo.

6.5.1.6 Pegar o antebraço e torcer o punho (duas mãos)

Quando o oponente fizer uma pegada no *dalian*, executar uma pegada na altura do punho, com a mão do mesmo lado da pegada do oponente pelo lado de dentro e com a outra mão no antebraço. Em seguida, executar uma torção com ambas as mãos para o lado de fora.

FIGURA 6.76 – Pegar o antebraço e torcer o punho.

6.5.1.7 Chave de cotovelo

Quando o oponente fizer uma pegada no *dalian*, executar uma pegada na altura do punho, com a mão do mesmo lado da pegada do oponente, e puxar o cotovelo com o antebraço, elevando-o em seguida.

FIGURA 6.77 – Chave de cotovelo.

6.5.2 ESTALO DE FAIXA

6.5.2.1 Parado, em pé

Dobrar a faixa em quatro partes. Segurá-la pelas extremidades, posicionar uma das mão acima e a outra abaixo, alinhadas uma sobre a outra. Alternar as posições das mãos com um movimento rápido e forte seguidamente. Repetir 10 vezes para cada lado.

Figura 6.78 – Parado, em pé.

6.5.2.2 Na base cavalo

Em base cavalo, dobrar a faixa em quatro partes. Segurá-la pelas extremidades, posicionar uma das mãos acima e a outra abaixo, alinhadas uma sobre a outra e na lateral do corpo. Alternar as posições das mãos com um movimento rápido e forte seguidamente, revezando o movimento nas laterais do corpo. Repetir 10 vezes para cada lado.

Figura 6.79 – Na base cavalo.

6.5.2.3 Na base arqueiro

Em base arqueiro *Gongbu* (弓步), dobrar a faixa em quatro partes. Segurá-la pelas extremidades, posicionar uma das mãos acima e a outra abaixo, alinhadas uma sobre a outra à frente do corpo. Alternar as posições das mãos com um movimento rápido e forte seguidamente, trocando o lado da base. Repetir 10 vezes para cada lado.

Figura 6.80 – Na base arqueiro.

6.5.3 *SHUAIJIAOSHI*: FORMAS

*6.5.3.1 Pengti (*捧踢*): segurar com as mãos e chutar*

Iniciar o movimento, partindo da postura ereta, com os braços estendidos ao longo do corpo, as mãos abertas e os dedos estendidos. Avançar para a base arqueiro ou *Gongbu*, em diagonal, estendendo os braços para trás, paralelamente. Estender e elevar a perna de trás para a frente e os braços paralelamente à perna, na altura da cabeça. Retornar à posição inicial, realizar o movimento para o lado. Repetir de 10 a 20 vezes para cada lado.

Figura 6.81 – Segurar com as mãos e chutar.

*6.5.3.2 Gaorou Sudong (*高揉速動*): esfregar para o alto, movendo-se rápido*

Iniciar o movimento em pé, coluna ereta e punhos cerrados na altura da cintura. Realizar um movimento rápido, mudando a postura para base cavalo e braços estendidos à frente, com as mãos espalmadas para cima, na altura da cabeça. Retornar à posição inicial para realizar o movimento novamente. Repetir o movimento 15 vezes.

Figura 6.82 – Esfregar para o alto, movendo-se rápido.

6.5.3.3 Beng (崩): *quebrar-se*

Posicionar-se em base cavalo, com os braços cruzados à frente do corpo e punhos fechados. Realizar um movimento abrupto para um dos lados, mudando de base e movendo os braços. O braço que estava mais externo se posiciona ao longo da perna, que se estende com a mão espalmada. O braço que estava mais próximo do corpo vai para a cintura; manter o punho fechado. Em seguida, retornar para a posição inicial e realizar o movimento para o outro lado. Repetir 10 vezes para cada lado.

Figura 6.83 – Quebrar-se.

6.5.3.4 Shuai (甩): *arremessar*

Iniciar o movimento em pé, com a coluna ereta e os punhos cerrados, na altura da cintura. Avançar para a base arqueiro, ou *Gongbu*, em diagonal, estendendo parcialmente o braço oposto ao da perna que avançou. Punhos fechados, com a palma para cima, na altura do ombro. Avançar a perna de trás para a frente, estendendo ambos os braços à frente. Avançar a perna de trás, cruzando-a por trás da outra; girar os braços e fechar os punhos à frente. Elevar a perna que estava à frente, fazendo uma extensão de perna em direção ao posicionamento anterior das mãos. A mão, do lado da perna estendida, também estende parcialmente com os punhos fechados. Olhar para o lado oposto e cerrar a outra mão na altura da cintura. Voltar à posição inicial e realizar o movimento do outro lado. Repetir de 10 a 20 vezes para cada lado.

Figura 6.84 – Arremessar.

6.5.3.5 La (拉): *puxar*

Iniciar o movimento, partindo da postura ereta com os punhos cerrados na altura da cintura. Flexionar um dos braços, ainda com punho cerrado e cotovelos para baixo, próximos ao corpo. A perna, do mesmo lado do braço flexionado, passa por trás da outra perna, fazendo a base cruzada ou *Xiebu* (歇步) e cruzando um braço à frente do outro. Levantar o pé que estava à frente da base na altura do joelho oposto e, em seguida, estender a perna do pé que estava elevado, fazendo *Gongbu* ou base arqueiro, estendendo o braço do mesmo lado da perna que foi estendida. O outro punho vai para a altura da cintura; olhar para o lado oposto da perna estendida. Repetir 10 vezes para cada lado.

FIGURA 6.85 – Puxar.

6.5.4 *DUIJIAOFA*: PROJEÇÕES

6.5.4.1 Qianjinti: avançar e chutar

Segurar o oponente pelo *dalian* na manga e na gola do lado oposto, ou mesmo na manga oposta. Levantar um lado e abaixar o outro, forçando o desequilíbrio. Chutar a perna na altura do tornozelo do lado pressionado para baixo; manter a pressão descendente, usando a pegada na manga do *dalian*.

FIGURA 6.86 – Avançar e chutar.

- Variação 1: chutar com a sola do pé, movendo-se para a diagonal à frente e puxando o oponente para trás.

Figura 6.87 – Avançar e chutar: primeira variação.

- Variação 2: chutar a parte da frente da perna com a sola, para trocar a base, puxando o oponente para trás e chutando, também com a sola, a outra perna.

Figura 6.88 – Avançar e chutar: segunda variação.

6.5.4.2 La: puxar

Quando o oponente segurar a gola do *dalian*, apoiar-se com a mão do mesmo lado da pegada por cima do braço do adversário. Em seguida, pressionar a dobra do cotovelo para baixo, aproximando o oponente e fazendo-o inclinar o corpo à frente. Com o outro braço, realizar um movimento de elevação por baixo da axila do oponente, do lado em que há a pegada, e, simultaneamente, aproximar-se dele, fazendo uma base cruzada com a perna de trás. Levantar a perna de trás para realizar um corte na direção das pernas do adversário, puxando-o para baixo.

Figura 6.89 – Puxar.

6.6 MATÉRIA DO 4º *JIE* (*SHITI DE SIJIE* – 实体的四阶)

6.6.1 ESTALO DE FAIXA

6.6.1.1 Parado na base cruzada

Na base cruzada, ou *Xiebu*, elevar o braço do lado oposto ao da perna que está à frente, forçando a faixa para baixo e para cima, simultaneamente. Inverter o lado, fazendo a base cruzada; trocar a posição das pernas e dos braços. Repetir 10 vezes para cada lado.

Figura 6.90 – Parado na base cruzada.

6.6.1.2 Em cima e embaixo

Em posição ereta, pés afastados, abrir os braços acima da cabeça, forçando a faixa para os lados esquerdo e direito ao mesmo tempo. Em seguida, flexionar o tronco sobre as pernas, forçando-as para a direita e para a esquerda, com as mãos próximas aos pés. Realizar um tranco para trás, simultaneamente. Repetir 10 vezes para cada posição.

Figura 6.91 – Em cima e embaixo.

6.6.1.3 Chuai: esconder-se dentro da roupa

Em pé, segurar a faixa acima da cabeça apenas por uma das extremidades. Executar um movimento rápido, flexionando o tronco em direção às pernas e arremessando a faixa para trás, por entre as pernas. Simultaneamente, realizar um tranco com o corpo para trás. Repetir 15 vezes cada movimento.

Figura 6.92 – Esconder-se dentro da roupa.

6.6.1.4 Base arqueiro diagonal andando

Andar em base arqueiro na diagonal para a esquerda e para a direita. Quando andar para a esquerda, o braço direito deve subir e o esquerdo, descer, fazendo força em sentidos opostos na direção vertical. Quando andar para a direita, alternar o lado. Repetir 10 vezes para cada lado.

Figura 6.93 – Andando em diagonal na base arqueiro.

6.6.1.5 Chutar na diagonal

Andar em base arqueiro na diagonal para a esquerda. O braço direito deve subir e o esquerdo, descer, fazendo força na mesma direção e em sentidos opostos verticalmente. Em seguida, chutar para a diagonal esquerda com a perna direita, trocando a posição das mãos e o sentido da força. Repetir o movimento 10 vezes, invertendo os lados.

Figura 6.94 – Chutar em diagonal.

6.6.2 *SHUAIJIAOSHI*: FORMAS

***6.6.2.1 Tiaobeng** (跳崩)*: *saltar e quebrar-se*
Posicionar-se em base cavalo com os braços cruzados à frente do corpo e punhos fechados. Realizar um movimento abrupto, saltando para cima em um dos lados, mudando de base e movendo os braços. O braço que estava mais externo se posiciona ao longo da perna e se estende com a mão espalmada. O braço que estava mais próximo do corpo vai para a cintura, mantendo o punho fechado. Em seguida, retornar para a posição inicial, saltando para cima, para realizar o movimento no outro lado. Repetir 10 vezes para cada lado.

Figura 6.95 – Saltar e quebrar-se.

***6.6.2.2 Shangba Qianjin Houti** (上把前進後踢)*: *controlar a parte superior do corpo, avançar e chutar para trás*
Iniciar realizando um *Huanbo* e, em seguida, avançar a perna de trás para a frente, estendendo ambos os braços à frente. Avançar a perna de trás, cruzando-a por trás da outra, girar os braços com os punhos à frente, fechados. Elevar a perna que estava à frente e fazer uma extensão de perna em direção ao posicionamento anterior das mãos. Terminar com a postura inicial do *Huanbo*. Repetir 10 vezes para cada lado.

Figura 6.96 – Controlar a parte superior do corpo, avançar e chutar para trás.

6.6.2.3 Xiaba Qianjin Houti (下把前進後踢): *controlar a parte inferior do corpo, avançar e chutar para trás*

Em pé, realizar uma base cavalo com as mãos cerradas na cintura. Avançar uma das pernas para a frente, estendendo ambos os braços à frente. Avançar a perna de trás, cruzando-a por trás da outra, girar os braços, com os punhos fechados à frente. Elevar a perna que estava à frente, fazendo uma extensão de perna em direção ao posicionamento anterior das mãos. A mão, ao lado da perna que estende, também se estende parcialmente, com os punhos fechados e a palma voltada para cima; olhar para o lado oposto e cerrar a outra mão na altura da cintura. Voltar à posição inicial, realizar o movimento do outro lado. Repetir 10 vezes para cada lado.

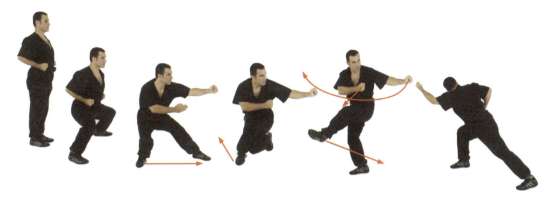

Figura 6.97 – Controlar a parte inferior do corpo, avançar e chutar para trás.

6.6.2.4 Yao (舀): cavar com uma colher

Em pé, avançar a base arqueiro para a esquerda, levantando o braço direito e abaixando o esquerdo; as mãos devem estar espalmadas. O joelho direito é flexionado à frente, elevando-o acima dos quadris. Simultaneamente, o braço direito deve descer e o esquerdo, subir, como se conduzissem um volante de caminhão, em um movimento único e circular, com as mãos fechadas. Descer a perna direita para a diagonal direita e iniciar o movimento, alternando o lado. Repetir 10 vezes para cada lado.

Figura 6.98 – Cavar com uma colher.

6.6.3 *DUIJIAOFA*: PROJEÇÕES

6.6.3.1 Tuibi Shangbalue (推臂上把掠): empurrar o braço, controlando por cima, e derrubar pelos quadris

Quando o oponente avançar para fazer uma pegada com as duas mãos, controlar, com a mão esquerda, o braço direito dele e, com a mão direita, bloquear o braço esquerdo do adversário. Em seguida, a mão direita vai para a axila do oponente, elevando-a. Simultaneamente, virar o corpo, aproximando os quadris do adversário e segurando o braço direito próximo ao corpo. Nesse ponto, os pés devem estar próximos um do outro e paralelos entre si, as pernas, flexionadas e o oponente deve estar preso pelo braço e pela axila. Em um único movimento, estender as pernas, flexionar o tronco para baixo e puxar o braço direito do oponente para baixo, conduzindo a axila esquerda em direção ao chão.

Figura 6.99 – Empurrar o braço, controlando por cima, e derrubar pelos quadris.

6.6.3.2 Zounei Chuai (走内揣): *andar para dentro e esconder-se na roupa*

Quando o oponente avançar para fazer uma pegada, realizar um *Xieda*, evitando o seu avanço. Controlar o braço do oponente, puxando-o para baixo e avançando um passo à sua frente. Girar o corpo por trás, em direção ao centro do oponente, elevando o braço dele e puxando-o para baixo, apoiado no ombro. Estender ambas as pernas e flexionar o tronco simultaneamente, puxando o braço do oponente para baixo e prendendo-o no abdome.

Figura 6.100 – Andar para dentro e esconder-se na roupa.

6.6.3.3 Momei La (抹眉拉): *limpar as sobrancelhas e puxar*

Partir de uma chave de pescoço lateral realizada por um oponente. A mão que está mais próxima do corpo do oponente desloca-se em direção ao rosto dele, pressionando-o para trás. Com a mão oposta, golpear com a palma abaixo da axila do adversário, a fim de afastá-lo. Em seguida, aplicar um *La* usando a perna que estava mais próxima para fazer um giro e a base cruzada.

FIGURA 6.101 – Limpar as sobrancelhas e puxar.

6.6.3.4 La Gao Dafu (拉高打腹): *puxar, levantar e bater no abdome*

Quando o oponente segurar a gola do *dalian*, apoiar a mão do mesmo lado da pegada por cima do braço adversário. Em seguida, pressionar a dobra do cotovelo para baixo, aproximando o oponente e fazendo que ele incline o corpo para a frente. Com o outro braço, realizar um movimento de elevação por baixo da axila do oponente, do lado em que há a pegada, e, simultaneamente, aproximar-se dele, fazendo uma base cruzada com a perna de trás. Em seguida, a mão do braço que elevava a axila desce, batendo na coxa ou no ventre do oponente, seguindo-se o movimento de perna que realiza um corte em direção das pernas do adversário, puxando-o para baixo (similar ao *La*).

FIGURA 6.102 – Puxar, levantar e bater no abdome.

6.6.3.5 Qianjin Houti: *avançar e chutar para trás*

Segurar o oponente pelo *dalian* na manga e na gola, do lado oposto, ou mesmo na manga oposta. Levantar um lado e abaixar o outro, forçando o desequilíbrio, e chutar a perna, na altura do tornozelo, do mesmo lado que é abaixado. A perna que chuta deve fazer um giro para dentro e executar um corte na direção diagonal, puxando o oponente para baixo.

Figura 6.103 – Avançar e chutar para trás.

6.7 MATÉRIA DO 3º JIE (*SHITI DE SANJIE* – 实体的三阶)

6.7.1 *SHUAIJIAOSHI*: FORMAS

6.7.1.1 Ti (剃): *raspar*

Em pé, avançar para a base arqueiro com o braço do mesmo lado da perna que avançou estendida à frente e com a mão espalmada. Avançar a perna de trás, estendendo-a à frente, e com o pé virado para dentro, como um gancho. O braço que estava atrás também avança com a perna, fazendo um arco semelhante a como se abraça uma cintura. Posicionar a outra mão, fechada, à altura da cintura. Simultaneamente, a mão que estava na cintura é projetada à frente espalmada, a outra mão se posiciona, espalmada, na cintura oposta. O pé que estava em gancho é puxado para trás, ao lado externo do joelho da perna oposta. Repetir o movimento avançando para a base arqueiro como no início. Repetir alternadamente 10 vezes para cada lado.

Figura 6.104 – Raspar.

6.7.1.2 Bao (抱): *abraçar*

Em pé, avançar para a base arqueiro com os braços abertos. Virar para a base cavalo, unindo as mãos e fazendo um círculo entre os braços. A perna de trás aproxima-se da perna da frente, ficando-se em pé. Elevar o braço da frente com o cotovelo apontando para cima, deixar o outro braço próximo ao tronco. Levantar a perna da frente, flexionando o joelho e fazendo um gancho para cima; recuar a perna por trás para realizar uma base arqueiro pelo lado oposto. Os braços fazem um arco vertical, em que um dos braços se estende parcialmente à frente do corpo e o outro é flexionado, posicionando o punho fechado na altura da cintura. Repetir 10 vezes para cada lado.

Figura 6.105a – Abraçar.

Figura 6.105b – Abraçar.

6.7.1.3 Jiantui (撿腿): *apanhar a perna*

Em pé, avançar a para base arqueiro com o braço do mesmo lado da perna que avançou estendido à frente e com a mão espalmada. Avançar a perna de trás, estendendo-a à frente, com o pé virado para dentro, fazendo um gancho. O braço que estava atrás também avança com a perna; fazer uma flexão de cotovelo com o punho fechado, próximo ao tronco. A outra mão se posiciona a altura da cintura. Simultaneamente, a mão que estava na cintura, espalmada, é projetada à frente, a outra mão vai para a cintura do seu lado e o pé que estava em gancho é puxado para trás ao lado externo do joelho da outra perna. Repetir o movimento avançando para a base arqueiro como no início. Repetir 10 vezes para cada lado.

Figura 6.106 – Apanhar a perna.

6.7.2 *DUIJIAOFA*: PROJEÇÕES

6.7.2.1 Xiaba Qianjin Houti: controlar a parte inferior do corpo, avançar e chutar para trás
Quando o oponente avançar para fazer uma pegada com as duas mãos, controlar, com a mão esquerda, o braço direito dele e, com a mão direita, bloquear o braço esquerdo do adversário. Em seguida, a mão direita deve ir para a parte posterior da cintura do oponente, puxando-o para aproximá-lo. Simultaneamente, virar o corpo, aproximando os quadris do oponente, e segurar o braço direito dele próximo ao corpo. Nesse ponto, os pés devem estar próximos um do outro e paralelos entre si, as pernas, flexionadas e o oponente deve estar preso pelo braço e pela cintura. Elevar a perna direita, flexionando o joelho, e executar um corte para trás em diagonal, puxando o oponente para baixo.

FIGURA 6.107 – Controlar a parte inferior do corpo, avançar e chutar para trás.

6.7.2.2 Shangba Qianjin Houti: controle da parte superior do corpo, avançar e chutar para trás
Quando o oponente avançar para fazer uma pegada com as duas mãos, controlar, com a mão esquerda, o braço direito dele e, com a mão direita, enlaçar o pescoço do adversário, prendendo-o firmemente. Simultaneamente, virar o corpo, aproximando os quadris do oponente, e segurar o braço direito dele próximo ao corpo. Nesse ponto, os pés devem estar próximos um do outro e paralelos entre si, as pernas, flexionadas e o oponente deve estar preso pelo braço e pelo pescoço. Elevar a perna direita, flexionando o joelho, e executar um corte para trás em diagonal em frente às pernas do oponente, puxando-o para baixo.

Figura 6.108 – Controle da parte superior do corpo, avançar e chutar para trás.

6.7.2.3 Beng: quebrar-se

Quando o oponente avançar para fazer uma pegada com a mão esquerda, bloquear e prender, com a mão esquerda, o braço esquerdo dele. A mão direita deve avançar por baixo do braço esquerdo do adversário, pegando a gola do *dalian*, e a perna esquerda, por trás, fazendo a base cruzada. A perna direita deve avançar à frente das pernas do oponente. Em seguida, realizar um tranco, estendendo a perna direita, e puxar o oponente para a frente e para baixo.

Figura 6.109 – Quebrar-se.

6.7.2.4 Jiantui: apanhar a perna

Quando o oponente avançar e fizer uma pegada com a mão direita na gola do *dalian*, bloquear por dentro e prender, com a mão esquerda, o braço do oponente. Com a mão direita, prender o braço direito do oponente na altura do próprio braço e, simultaneamente, com o pé direito prender o pé direito do adversário ao fazer um gancho por trás dele. Em seguida, torcer o braço do oponente, empurrando-o para baixo; o pé direito deve puxar o pé direito dele, fazendo-o cair.

Figura 6.110 – Apanhar a perna.

6.7.2.5 Zouwai Chuai (走外揣): andar para fora e esconder-se na roupa

Quando o oponente avançar para fazer uma pegada, realizar um *Xieda*, evitando a investida dele. Controlar o braço do oponente, puxando-o para baixo. Girar o corpo por trás, em direção às costas do adversário, elevando o braço dele e puxando-o para baixo, apoiado no ombro. Estender ambas as pernas e flexionar o tronco simultaneamente, puxando o braço do oponente para baixo e prendendo-o no abdome. Nesse caso, a pegada no braço deve ser feita perto do ombro, para se evitar acidentes com hiperextensão de cotovelo.

Figura 6.111 – Andar para fora e esconder-se na roupa.

6.8 MATÉRIA DO 2º JIE (*SHITI DE ERJIE* – 实体的二阶)

6.8.1 *SHUAIJIAOSHI*: FORMAS

6.8.1.1 Dehe (得合): **gancho por dentro da perna**

Em pé, avançar para a base arqueiro com o braço do mesmo lado da perna que avançou, estendido à frente e com a mão espalmada. Avançar a perna de trás estendendo-a à frente, com o pé virado para dentro, fazendo um gancho. O braço que estava atrás também deve avançar com a perna, fazendo uma flexão de cotovelo com o punho fechado próximo ao tronco. A outra mão deve posicionar-se na altura da cintura.

A perna que está à frente é flexionada e deslocada para trás, fazendo um gancho, e a mão que estava próxima ao tronco também faz um gancho, puxando-o para trás e posicionando-se na cintura. Ao mesmo tempo, realizar uma extensão da perna flexionada para trás e dos braços para a frente, com as mãos espalmadas. Repetir 10 vezes para cada lado.

Figura 6.112 – Gancho por dentro da perna.

6.8.1.2 Kao (靠): **encostar-se**

Em pé, avançar para a base arqueiro com o braço do mesmo lado da perna que avançou estendido à frente, com a mão espalmada. Girar o corpo para fazer a base cruzada, com os braços cruzados à frente do corpo e com as mãos abertas. Avançar com a perna que estava atrás, mantendo os braços cruzados. Mudar para a base arqueiro, abrindo os braços: o da frente deve subir até a altura da cabeça e o outro braço deve ficar na altura dos quadris. Repetir 10 vezes para cada lado.

Figura 6.113 – Encostar-se.

6.8.1.3 Tiao (挑): *levantar*

Em pé, avançar para a base arqueiro com o braço do lado oposto da perna que avançou estendido à frente, com a mão espalmada. Estender a perna de trás à frente, na altura dos quadris, e também o braço do lado oposto, com a mão espalmada na altura dos ombros. O braço que estava à frente deve ser flexionado, com a mão fechada na altura da cintura. Em seguida, a mão que estava na cintura vai à frente, unindo-se à outra, e ambas fazem um gancho para baixo. A perna estendida e os dois braços devem ir para trás, em um único movimento rápido. Repetir 10 vezes para cada lado.

Figura 6.114 – Levantar.

6.8.1.4 Dan Ning: girar e torcer

Iniciar realizando um *Huanbo*; em seguida, avançar a perna de trás para a frente, estendendo os braços à frente. Avançar a perna de trás, cruzando-a por trás da outra, girar os braços e fechar os punhos à frente. Elevar a perna que estava à frente, fazendo uma extensão de perna na direção diagonal à frente e girando simultaneamente os braços em sentido contrário ao giro anterior, com as mãos abertas. Terminar com ambas as mãos abertas, posicionadas ao longo da perna estendida. Repetir 10 vezes para cada lado.

Figura 6.115 – Girar e torcer.

6.8.2 *DUIJIAOFA*: PROJEÇÕES

6.8.2.1 Dehe: gancho por dentro da perna

Quando o oponente avançar, fazer uma pegada na gola alta e na faixa, pela frente. Empurrar a pegada da gola e puxar a pegada da faixa, passando a perna de trás por entre as pernas do oponente, fazendo um gancho. Puxar a perna do gancho para trás e estender o braço da pegada da gola; levantar, ao mesmo tempo, a pegada da faixa. A perna estendida sobe e as pegadas são soltas; deixar o oponente cair ao solo.

Figura 6.116 – Gancho por dentro da perna.

6.8.2.2 Kao: encostar-se

Quando o oponente avançar com a mão direita para fazer uma pegada, afastar, com a mão direita, o braço direito dele, conduzindo-o para o lado direito e prendendo-o. Avançar a perna esquerda para trás da perna direita do adversário e, ao mesmo tempo, avançar o braço esquerdo para a frente do abdome dele, mantendo o braço direito preso e pressionando-o para baixo. Com o braço esquerdo, deslocar o tronco do oponente para o lado esquerdo, usando a perna esquerda como calço, de modo que ele caia por cima dela.

Figura 6.117 – Encostar-se.

6.8.2.3 Jialiangti (架樑踢): construir uma ponte e chutar

Quando o oponente fizer uma pegada com a mão direita na gola, bloquear e prender, com a mão esquerda, o antebraço direito dele. Com o braço direito, entrar por baixo da axila do braço direito do adversário, levantando-o parcialmente e puxando-o;

simultaneamente, o braço direito do oponente é preso para baixo. Com a sola do pé direito, chutar a perna do oponente, fazendo-o subir com a ajuda do movimento de puxar para trás do braço direito. O adversário é lançado para trás.

Figura 6.118 – Construir uma ponte e chutar.

6.8.2.4 Tiao: levantar

Quando o oponente avançar para fazer uma pegada com as duas mãos, controlar, com a mão esquerda, o braço direito dele e, com a mão direita, enlaçar o seu pescoço, prendendo-o firmemente. Ao mesmo tempo, cruzar a perna esquerda por trás da direita, realizando uma base cruzada; aproximar-se do oponente e segurar o braço direito dele próximo ao corpo. Nesse ponto, o adversário deve estar preso pelo braço e pelo pescoço. Elevar a perna direita, flexionando o joelho e executar uma elevação dessa perna por entre as pernas do oponente, tirando-o do chão. Simultaneamente à elevação de perna, direcionar para baixo o braço direito que se prende ao pescoço do oponente.

Figura 6.119 – Levantar.

6.8.2.5 Ti: raspar

O oponente realiza uma "gravata" com o braço direito, posicionando-se na lateral esquerda do corpo. Mover a perna esquerda para trás do oponente, levando simultaneamente a mão esquerda ao lado esquerdo da cintura e a mão direita abaixo da axila direita dele. Pressionar a cintura com a mão esquerda e empurrar o tronco com a direita. Em seguida, executar uma "raspada", movendo o pé esquerdo da esquerda para a direita, deslocar ambos os pés do oponente para a direita e empurrar para cima com a mão direita. Quando o oponente perder o contato com o chão, deve-se largá-lo.

Figura 6.120 – Raspar.

6.9 MATÉRIA DO 1º *JIE* (*SHITI DE YIJIE* – 实体的一阶)

6.9.1 *SHUAIJIAOSHI*: FORMAS

6.9.1.1 Fenshou (分手): separar as mãos e chutar para trás

Iniciar o movimento na base cavalo com as mãos fechadas na altura da cintura. Abrir os braços, fazendo dois círculos, um à direita e outro à esquerda, à frente do corpo e com as mãos abertas. Ao final do movimento circular, as mãos devem posicionar-se à frente do corpo, a mão direita à frente da esquerda; a perna direita avança simultaneamente. Avançar a perna esquerda, cruzando-a por trás da direita, girar os braços e fechar os punhos à frente. Elevar a perna direita, fazendo uma extensão de perna em direção do posicionamento anterior das mãos. O braço direito é estendido parcialmente com os punhos fechados. Olhar para o lado esquerdo, com a mão esquerda cerrada, na altura da cintura. Repetir 10 vezes para cada lado.

Figura 6.121 – Separar as mãos e chutar para trás.

6.9.1.2 Woshou (握手): apertar a mão e chutar para trás

Em pé, com as mãos fechadas na altura da cintura. Estender os braços à frente do corpo, com as mãos espalmadas, na altura dos ombros. Fechar as mãos ao mesmo tempo que avança a perna esquerda, cruzando-a por trás da direita; girar os braços e fechar os punhos à frente. Elevar a perna direita, fazendo uma extensão desta em direção do posicionamento anterior das mãos. O braço direito é flexionado com o punho fechado na altura do peito e o cotovelo alto alinhado ao ombro; olhar para o lado esquerdo, com a mão esquerda cerrada na altura da cintura, e finalizar com a postura *Huanbo*. Repetir 10 vezes para cada lado.

Figura 6.122 – Apertar a mão e chutar para trás.

6.9.1.3 Gaibi Zhuang (蓋臂撞): *cobrir o braço e bater contra*

Em pé, avançar para a base arqueiro com o braço do mesmo lado da perna que avançou estendido à frente, com a mão espalmada. Girar o corpo para fazer a base cruzada, com os braços cruzados à frente do corpo e as mãos abertas. Avançar com a perna que estava atrás, elevando ambos os braços à frente com as mãos espalmadas.

Figura 6.123 – Cobrir o braço e bater contra.

6.9.1.4 Wobipeng (握臂捧): *apertar o braço, segurando com as mãos*

Em pé, avançar para a diagonal direita com uma das pernas em base arqueiro, balançar os braços estendidos à frente do corpo na altura dos ombros e, depois, para baixo, ao longo do corpo, com as mãos na altura dos quadris. Avançar a perna esquerda, unindo-a com a direita; mover-se para a posição ereta e de frente para a diagonal esquerda com as mãos cruzadas acima da cabeça. Balançar os braços para baixo e iniciar o movimento para a esquerda. Repetir 10 vezes para cada lado.

Figura 6.124 – Apertar o braço, segurando com as mãos.

6.9.1.5 Pipashi *(琵琶式): segurar os braços e levantar ou "tocando o instrumento de cordas"*
Iniciar com ambas as pernas flexionadas, pé direito à frente do esquerdo; mão direita à frente da esquerda, alinhadas ao centro do tronco. Deslocar, à direita, a perna e o braço direitos, abaixando-os. Aproximar a perna e o braço esquerdos para o lado direito. Avançar para a diagonal esquerda, com a perna e o braço esquerdos à frente, elevando a mão esquerda até a altura do rosto e a mão direita até a altura do tronco. Repetir 10 vezes para cada lado.

Figura 6.125 – Segurar os braços e levantar ou "tocando o instrumento de cordas".

6.9.2 *DUIJIAOFA*: PROJEÇÕES

6.9.2.1 Dan Ning (彈撐): girar e torcer

Quando o oponente segurar a gola com a mão direita, prender, com a mão esquerda, o punho direito dele e, com a mão direita, prender o cotovelo direito, puxando-o para o centro do corpo, com a perna direita posicionada à frente. A perna esquerda deve avançar, cruzando por trás da direita. Levantar a perna direita, flexionando o joelho, e, em seguida, realizar um corte por trás das pernas do oponente, puxando-o para baixo pelo braço direito, sem soltá-lo, até que o oponente esteja no solo.

Figura 6.126 – Girar e torcer.

6.9.2.2 Zuoyou Dan Ning (左右彈撐): girar e torcer pela direita e esquerda

Quando o oponente avançar para fazer uma pegada com a mão direita, deslocar, com ambas as mãos, o braço direito dele para o lado oposto, prendendo-o. Cruzar a perna direita por trás da esquerda, fazendo uma base cruzada. Em seguida, levantar a perna esquerda para bloquear pela frente da perna direita do adversário. Ele retira a perna direita da posição, fugindo do bloqueio. A perna esquerda, que realizou o bloqueio, deve seguir para trás da perna direita, fazendo uma base cruzada; torcer o braço direito do oponente para o lado oposto ao que estava antes. Em seguida, elevar a perna direita e fazer um bloqueio à frente de ambas as pernas do oponente, puxando o braço direito dele para baixo e girando o corpo, simultaneamente.

Figura 6.127 – Girar e torcer pela direita e esquerda.

6.9.2.3 Bao: abraçar

Quando o oponente realizar uma "gravata", com o braço direito, posicionando-se na lateral esquerda do corpo, mover a perna esquerda para trás do oponente, levando, simultaneamente, a mão esquerda para o lado esquerdo da cintura e a mão direita por trás do joelho direito dele. Pressionar a cintura com a mão esquerda e, em seguida, elevar a perna direita, levantando-a com a mão direita acima da cabeça. Quando o oponente estiver no alto, largá-lo.

Figura 6.128 – Abraçar.

6.9.2.4 Chuandang Kao (穿擋靠): penetrar bloqueando e encostando

Quando o oponente avançar com a mão direita para fazer uma pegada, afastar, com a mão direita, o braço direito do oponente, conduzindo-o para cima e prendendo-o. Avançar a perna esquerda para trás da perna direita do oponente e, ao mesmo tempo, avançar o braço esquerdo por entre as pernas dele, mantendo o braço direito preso acima da cabeça. Com o braço esquerdo, levantar o oponente, entrando com o corpo por baixo dele, e abaixar o braço direito. Nesse ponto, o oponente deve ser solto, e deve-se deixá-lo cair.

Figura 6.129 – Penetrar bloqueando e encostando.

6.9.2.5 Zouwai Chuandang (走外穿擋)**: *andar por fora e se encostar, bloqueando***

Quando o oponente avançar com a mão direita para fazer uma pegada, afastar, com a mão esquerda, o braço direito dele, conduzindo-o para cima e prendendo-o. Avançar a perna direita para a frente do adversário e, ao mesmo tempo, avançar o braço direito por entre as pernas dele, mantendo o braço direito do oponente preso acima da cabeça. Com o braço direito, levantar o oponente, entrando com o corpo por baixo dele, e abaixar o braço direito dele. Nesse ponto, o oponente deve ser solto, e deve-se deixá-lo cair.

Figura 6.130 – Andar por fora e encostar-se, bloqueando.

6.9.2.6 Xian (掀)**: *levantar***

Quando o oponente avançar com a mão direita para fazer uma pegada, bloquear, com as mãos cruzadas, o braço direito dele, elevando-o para cima. Com as duas mãos prender o braço do adversário, pressionando-o, em seguida, para baixo e para a lateral. Levantar o braço do oponente, avançando com a perna direita e passando-a por baixo dele. Passar a perna esquerda, virando o corpo na sequência, e puxar o braço direito do oponente para baixo e, em seguida, para trás.

Figura 6.131 – Levantar.

6.10 MATÉRIA DO 9º DENG (SHITI DE JIUDENG – 实体的九等)

6.10.1 DUIJIAOFA: PROJEÇÕES

6.10.1.1 Baoxinjiuhuo (抱薪救火): bombeiro

Quando o oponente avançar com a mão direita para fazer uma pegada, afastar, com a mão esquerda, o braço direito dele, prendendo-o. Avançar a perna direita para a frente do adversário e, ao mesmo tempo, avançar o braço direito, abraçando a perna direita dele e passando a cabeça por baixo do braço direito do oponente. Agachar e aproximar a perna e o braço direitos do oponente, pressionando ambos com as mãos. Levantar o adversário sobre os ombros, dando um passo para trás com a perna esquerda. Flexionar o tronco sobre as pernas do oponente, lançando-o ao solo.

Figura 6.132 – Bombeiro.

6.10.1.2 Shangba Juezi (上把蹶子): *controlar a parte superior do corpo e dar um coice*

Defender um chute circular com a parte lateral da perna esquerda, em seguida, esta executa um chute frontal para afastar o oponente. O adversário ataca com um soco pela lateral da cabeça, então, deve-se executar uma defesa com o braço esquerdo. Na sequência, controlar, com a mão esquerda, o braço direito do oponente e, com a direita, enlaçar o pescoço dele, prendendo-o firmemente. Simultaneamente, cruzar a perna esquerda por trás da direita, fazendo uma base cruzada, manter preso o braço direito próximo ao corpo. Nesse ponto, os pés estão próximos um ao outro e paralelos entre si, as pernas estão flexionadas e o oponente está preso pelo braço e pelo pescoço. Elevar a perna direita flexionando o joelho e executar um movimento de extensão da perna direita; elevar as pernas do oponente, puxando-o para baixo.

Figura 6.133 – Controle da parte superior do corpo e dar um coice.

6.10.1.3 Zhoubengren (肘崩韧): *cotovelo quebrando-se e partindo-se*

O oponente realiza um ataque com punho direito por cima da cabeça. Defender com o braço direito, em seguida, prender o braço dele. Avançar a perna direita por trás da esquerda, realizando uma base cruzada, enquanto a mão esquerda faz uma pegada no *dalian* por baixo do braço direito do oponente. Elevar a perna esquerda, flexionar o joelho e, em seguida, golpear ambas as pernas do adversário com a parte posterior da perna esquerda. Simultaneamente, puxar o oponente para baixo pela pegada feita com a mão esquerda.

Figura 6.134 – Cotovelo quebrando-se e partindo-se.

6.10.1.4 Tuipenglian (腿捧镰)**: *segurar a perna com as mãos e cortar como foice***

Quando o oponente, posicionado com a perna esquerda à frente, executar um chute lateral com a perna direita, bloquear, com o braço esquerdo flexionado, o chute, andando para a diagonal direita, e, ao mesmo tempo, realizar uma pegada na gola. Avançar a perna esquerda por trás da direita, virando o corpo de frente para a posição original. Posicionar a perna direita por trás da esquerda do oponente, impedindo-o de se mover com ela. Elevar a perna direita para trás, retirando o adversário do chão e, simultaneamente, empurrar a pegada na gola para baixo, ainda com a perna direita presa.

Figura 6.135 – Segurar a perna com as mãos e cortar como foice.

6.10.1.5 Tuipengti (腿捧踢)**: *segurar a perna com as mãos e chutar***

Quando o oponente, posicionado com a perna esquerda à frente, executar um chute lateral com a perna direita, bloquear, com o braço esquerdo flexionado, o chute, andando para a diagonal esquerda, na direção dele, ao mesmo tempo realizando uma pegada na gola dele, com a mão direita. Avançar a perna esquerda, virando o corpo de frente para o oponente. Com o peso do corpo centralizado na perna esquerda, realizar um chute com a sola do pé direito na perna esquerda do adversário, puxando-o para baixo com o braço direito, simultaneamente.

Figura 6.136 – Segurar a perna com as mãos e chutar.

6.10.1.6 Qiao (翘): erguer

Bloquear um chute frontal, feito com a perna direita do oponente, com a sola do pé esquerdo. Avançar a perna esquerda para trás do oponente, abaixar e, simultaneamente, segurar a cintura dele com a mão esquerda e a parte posterior da coxa direita com a direita. Elevar a perna direita do oponente, empurrando-o para trás com deslocamento do tronco para a frente, sustentando-o pela cintura até que ele esteja totalmente fora do chão e com as pernas para cima. Nesse momento, deve-se deixá-lo cair no solo.

Figura 6.137 – Erguer.

6.10.1.7 Qiange (前隔): separar à frente

Executar um chute frontal com a perna direita em direção ao abdome do oponente para fazê-lo recuar um passo. Em seguida, atacá-lo na parte de cima da cabeça, forçando-o a defender o golpe. Abaixar o braço da defesa e, com a outra mão, bloquear o avanço da outra mão do oponente. Simultaneamente, avançar a perna esquerda para o lado do adversário. Avançar a perna direita também para a lateral do oponente, levando a mão direita para o ombro direito dele. A mão direita empurra o ombro do adversário para baixo. Nesse momento, a perna direita faz um bloqueio de ambas as pernas, impedindo que o oponente fuja deslocando-se para trás.

Figura 6.138 – Separar à frente.

6.10.1.8 Yaobaxian (腰把掀): *levantar controlando pela cintura*

Quando o oponente avançar com a mão esquerda para fazer uma pegada, bloquear, com a mão esquerda, pela lateral do braço dele, prendendo-o. Avançar com a perna esquerda por trás da direita, virar de costas e aproximar os quadris pela lateral dos quadris do oponente, abraçando-o pela cintura e flexionando ambas as pernas. Estender as pernas, flexionando o tronco à frente; puxar o oponente para baixo, mantendo o braço esquerdo preso até o final.

Figura 6.139 – Levantar controlando pela cintura.

CONTEÚDOS PRÁTICOS ■ **175**

6.10.1.9 Beilian** (背镰): **cortar como foice pelas costas

Quando o oponente atacar com um soco por cima da cabeça com a mão esquerda, defender, com o braço direito, o golpe na cabeça, abaixando o braço dele, em seguida. Trocar a pegada, segurando o braço do adversário com a mão esquerda enquanto a mão direita deve ir para as costas do oponente, segurar a gola por trás. Feitas as pegadas, o pé direito deve posicionar-se atrás da perna esquerda do oponente; realizar um gancho e puxá-lo para cima, de modo a possibilitar que essa perna seja presa pela mão esquerda. Avançar a perna esquerda por trás da direita, fazendo uma base cruzada. Com a perna direita, bloquear a perna direita do oponente, manter a perna esquerda presa. Deslocar a perna direita para trás e para cima, elevando a perna direita do adversário; simultaneamente, empurrar a mão direita para a frente e para baixo, projetando o corpo do oponente para baixo.

Figura 6.140 – Cortar como foice pelas costas.

6.10.1.10 Sineigang** (撕内扛): **rasgar por dentro, levantando nos ombros

Quando o oponente avançar a mão direita para fazer uma pegada, com a mão esquerda, desviar e prender o braço direito dele; avançar a mão direita fazendo uma pegada na gola. Andar com a perna direita para trás do adversário pelo lado direito, mantendo a pegada na gola e no braço direito. Trocar a pegada, pegar a gola com a mão esquerda e soltar o braço direito do oponente. Colocar o braço direito por baixo do braço direito do adversário, levantando-o e, simultaneamente, girar o corpo em sentido anti-horário, aproximando-se do corpo dele. Flexionar as pernas, em seguida, puxá-lo por cima do tronco, lançando-o ao solo.

Figura 6.141 – Rasgar por dentro, levantando o oponente nos ombros.

7 CONDICIONAMENTO FÍSICO

Em qualquer atividade física, é necessário que o corpo esteja, de modo geral, preparado para a sua execução. Isso pressupõe um condicionamento físico adequado à atividade física específica. O *condicionamento físico* representa um pré-requisito individual para o desempenho de uma modalidade esportiva ou atividade que demande esforço acima do utilizado cotidianamente. Esse condicionamento é composto por capacidades físicas que devem ser treinadas, como flexibilidade, velocidade, força, resistência aeróbia e anaeróbia. Para a prática do *Shuaijiao*, o condicionamento físico se torna igualmente importante para que o desempenho do praticante se torne eficiente dentro da sua proposta individual.

Mesmo que a proposta de prática do indivíduo não contemple o alto rendimento, o condicionamento físico deve ser desenvolvido para atender à sua demanda específica. Nesse sentido, o *Shuaijiao* apresenta uma série de elementos para o treinamento, que objetivam o desenvolvimento do condicionamento físico adequado ao nível e aos interesses de seus praticantes. Esses elementos são divididos em duas partes. A primeira parte é o treinamento dos movimentos pela prática das formas, das projeções e da luta, e a segunda parte é o treinamento das capacidades físicas pelo treinamento com equipamentos.

O treinamento das formas e das projeções foi devidamente apresentado no Capítulo 6. O treinamento de luta deve ser adaptado ao nível e ao interesse do praticante; no entanto, é fundamental que ele se desenvolva com uma frequência adequada, para que as técnicas sejam treinadas de modo a se tornarem naturais e de utilização imediata nas situações dinâmicas que se apresentam no momento da luta.

Este capítulo apresentará os equipamentos utilizados no *Shuaijiao* para o desenvolvimento do condicionamento físico de seus praticantes. Cabe ressaltar que o treinamento com equipamentos no *Shuaijiao* se constitui como um treinamento funcional, sempre realizado em conjunto com os movimentos básicos utilizados nas técnicas de projeção. Os equipamentos citados a seguir são todos referenciados apenas nas obras de Li (2004), Ji (1994) e Su (2004). Os demais autores consultados, como Dong (2002), Shen (2007), Weng (1984) e Liang e Ngo (1997), citam apenas alguns deles.

Os equipamentos utilizados para o treinamento no *Shuaijiao* são a faixa ou a corda trançada, chamada *Mabianzi* (麻辫子), *Shadai* (沙袋), o saco com areia, o bastão de madeira ou *Bangzi* (棒子), que pode ser de dois tamanhos: o pequeno, *Xiaobangzi* (小棒子) e o grande, *Dabangzi* (大棒子); o *Tuizi* (推子) ou cadeado de pedra; o bloco de pedra ou *Fanchongzhuan* (翻重砖); o bloco de pedra com empunhadura ou *Ningzi* (拧子); o cesto de palha ou *Kuangzi* (筐子); e o jarro grande ou *Gang* (缸). Existem, ainda, os equipamentos compostos, que são o *Huache* (滑车), o *Dicheng* (地秤) e o *Tiancheng* (天秤). Esses equipamentos são utilizados em exercícios similares aos movimentos das formas e servem para o condicionamento específico para a realização plena dos movimentos necessários à boa execução das técnicas do *Shuaijiao*.

O *Mabianzi*, ou faixa, é usado para fortalecer os punhos, ao se executar movimentos de estalo com a faixa, coordenados com movimentos específicos com o corpo, que podem ser em deslocamento nas diversas posturas ou em bases estáticas. A corda pode ser utilizada em substituição à faixa. Antigamente, era utilizada uma corda trançada feita de cânhamo, um tipo de vegetação abundante na China, para a realização do treinamento. Esse treinamento é realizado também com o *Pitiao* (皮条) ou tira de couro, ou, ainda, com uma corrente de ferro.

Figura 7.1 – *Mabianzi*.
Fonte: adaptado de Dong (2002).

O *Shadai*, ou saco com areia, é parecido com uma almofada, feita de pano resistente em formato quadrado, preenchido com areia ou grãos de cereais. Pode ter vários tamanhos e pesos, dependendo da finalidade do treino. Pode ser praticado por uma pessoa ou em grupo, jogando-o e agarrado-o no ar. O objetivo desse treino é o desenvolvimento da pegada rápida e do desvio e reutilização da força do oponente.

O *Bangzi* é um bastão de madeira que se apresenta em dois tipos, o pequeno e o grande. São utilizados com o intuito de treinar as distâncias entre os punhos durante as pegadas e a força nas torções, além de desenvolver a explosão nos movimentos que envolvem pegada e projeções. O treinamento com o *Bangzi* é realizado sempre vinculado a movimentos similares aos das formas.

Figura 7.2 – *Dabangzi*.
Fonte: adaptado de Dong (2002).

Figura 7.3 – *Xiaobangzi*.
Fonte: adaptado de Dong (2002).

O *Tuizi* é um instrumento feito de pedra, como se fosse uma caixa com uma alça para carregar. Pode ser de vários tamanhos, dependendo do peso que se queira usar para o treinamento. É utilizado para o treinamento de força por meio do princípio da sobrecarga, pois o peso pode ser aumentado de acordo com o nível do praticante ou do objetivo do treinamento. Atualmente, também é feito de concreto ou de uma mistura de resina com cascalho.

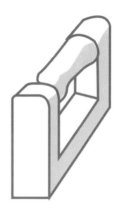

Figura 7.4 – *Tuizi*.
Fonte: adaptado de Su (2004).

O *Fanchongzhuan* é um bloco feito de pedra com formato de um paralelepípedo. É utilizado para treinamento de sustentação com pegada, em movimento ou parado. O formato fornece uma característica de dificuldade nas pegadas, dando maior ênfase à força preênsil dos dedos. O bloco feito de pedra também pode ser de concreto.

O *Ningzi* é um bloco de pedra ou de concreto mais curto no comprimento que o *Fanchongzhuan* e tem um bastão ou uma barra de ferro atravessada por dentro dele. O tamanho desta é maior que o comprimento do bloco, para que transborde nas extremidades. O praticante deve segurar as extremidades para realizar movimentos específicos do treinamento dos movimentos necessários para as projeções.

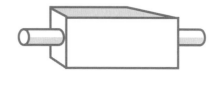

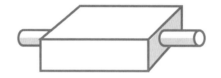

Figura 7.5 – *Ningzi*.
Fonte: adaptado de Su (2004).

O *Kuangzi* ou cesto de palha era usado para realizar elevação e deslocamento de peso. Era preenchido com materiais diversos que regulavam o peso a ser trabalhado, podiam ser frutas, legumes, cereais ou pedras. Era um equipamento utilizado com grande frequência, pois estava disponível facilmente em mercados e feiras populares.

O *Gang* é um jarro de cerâmica ou de barro que servia como recipiente para guardar grãos ou água e, em alguns casos, até mesmo vinho de arroz. Esse equipamento propicia um trabalho de deslocamento de peso por meio de movimentos circulares ao se fazer as pegadas na borda do jarro e movendo-o como se dirigisse um carro, usando o volante para fazer curvas. Esse equipamento é importante para o desenvolvimento do princípio do volante, muito ressaltado por Su (2004).

O *Huache* é um sistema de roldanas composto de uma corda presa em uma das extremidades com um peso, que pode ser anilhas, pedra ou saco de areia, e na outra com um pano ou faixa para se fazer as pegadas. A corda passa por uma roldana presa no alto, no teto ou em um sistema de tripé. É utilizado para se treinar movimentos de puxadas em diversas posturas específicas do *Shuaijiao*.

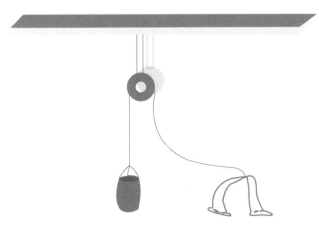

Figura 7.6 – *Huache*.
Fonte: adaptado de Su (2004).

O *Dicheng* é composto por um bastão grosso, normalmente na altura do ombro do praticante, com uma roda de pedra colocada em uma das extremidades, para dar peso a um dos lados. Pode ter anilhas em substituição à roda de pedra. É usado para treinar levantamentos com as pernas e com os quadris, especialmente técnicas que utilizam *Ti* (剔), *Houti* (後踢), *Chuai* (揣) e *Tiao* (靠). Pode ter, ainda, uma faixa amarrada no meio do bastão para treinamento de pegadas durante a execução do movimento.

Figura 7.7 – *Dicheng*.
Fonte: adaptado de Su (2004).

O *Tiancheng* é um equipamento no formato de uma balança presa ao teto. Um bastão grosso é amarrado ao teto; em uma de suas extremidades, é amarrado um peso, que pode ser um saco de areia, uma pedra ou uma anilha. O praticante segura na outra extremidade, fazendo uma pegada com uma das mãos, e torce o bastão, para um lado e para o outro, enrolando e desenrolando a corda. Esse treinamento desenvolve a força da pegada e o movimento de torção.

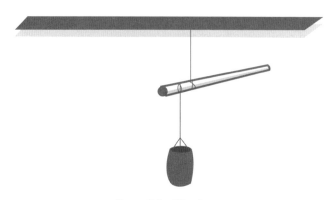

Figura 7.8 – *Tiancheng*.
Fonte: adaptado de Su (2004).

Esses equipamentos compõem, tradicionalmente, o arcabouço de recursos adicionais para o treinamento do *Shuaijiao* há muitas gerações de praticantes. São utilizados ainda hoje por mestres tradicionais de *Shuaijiao*, entretanto, nota-se, na literatura atual, que alguns deles já não aparecem, permanecendo apenas os mais comuns, que são o *Mabianzi* e o *Bangzi*. Podemos verificar, também, que alguns equipamentos modernos e métodos de treinamento de força estão sendo incorporados ao treinamento de *Shuaijiao*. Os equipamentos identificados são a faixa elástica, o *medicine ball*, o *fit ball*, os halteres e as anilhas. No que se refere ao treinamento para o aumento de força, a musculação é uma das novas opções incorporadas para o treinamento de alto rendimento. Outro detalhe importante é que o treinamento com os novos equipamentos e os métodos de musculação utilizados sempre são desenvolvidos na perspectiva do treinamento funcional, vinculando a prática do exercício ao movimento específico da modalidade. Assim, apesar de o *Shuaijiao* ser uma modalidade antiga, utiliza recursos modernos para desenvolver o seu treinamento, promovendo uma atualização dos métodos usados pelos antigos praticantes. Atualmente, diversos atletas de *Shuaijiao* e de outras escolas de *Wushu* estão iniciando suas participações em eventos de *Mixed Martial Arts* (*MMA*). Os treinamentos dos atuais atletas de *MMA* se apropriam dos treinamentos funcionais com grande frequência para o desenvolvimento das suas habilidades motoras específicas conjugadas com a força explosiva, a flexibilidade, a velocidade, o equilíbrio e a resistência, como ressalta Rodney (2008).

8 REGULAMENTO DE COMPETIÇÃO DE SHUAIJIAO*

8.1 DAS CATEGORIAS DE PESO

Artigo 1º – As competições de *Shuaijiao* serão realizadas pelas divisões de categorias por peso, adulto e juvenil (de 16 a 17 anos):

Categoria adulto	
Masculino	Feminino
Até 48 kg	Até 44 kg
Até 52 kg	Até 47 kg
Até 57 kg	Até 50 kg
Até 62 kg	Até 54 kg
Até 68 kg	Até 58 kg
Até 74 kg	Até 63 kg
Até 82 kg	Até 68 kg
Até 90 kg	Até 74 kg
Até 100 kg	Até 82 kg
Acima de 100 kg	Acima de 82 kg

---

* O presente regulamento é a primeira versão traduzida e adaptada pelo autor do livro *Zhongguoshi shuaijiao jiaocheng*, de Su (2004). Foi utilizado como regulamento da Confederação Brasileira de Kung Fu Wushu (CBKW) entre 2004 e 2011. Atualmente, a CBWK usa uma versão modificada destas regras.

Categoria juvenil	
Masculino	Feminino
Até 46 kg	Até 42 kg
Até 49 kg	Até 45 kg
Até 52 kg	Até 48 kg
Até 56 kg	Até 52 kg
Até 61 kg	Até 57 kg
Até 66 kg	Até 62 kg
Até 72 kg	Até 68 kg
Até 80 kg	Até 76 kg
Até 90 kg	Até 86 kg
Acima de 90 kg	Acima de 86 kg

8.2 DA DURAÇÃO DA COMPETIÇÃO

Artigo 2º – Haverá dois assaltos por luta, cada um com 3 minutos. Um intervalo de 1 minuto é colocado entre os assaltos, excluído o tempo de pausa. O assalto começa com um sinal do árbitro e termina com um apito do cronometrista.

8.3 DOS EQUIPAMENTOS DE COMPETIÇÃO

Artigo 3º – Os competidores devem usar coletes tradicionais de *Shuaijiao* (*dalian*) em tecido natural nas cores branco, bege, vermelho ou azul, calças compridas em tecido de algodão ou de brim. Tênis de solado macio sem partes rígidas. Faixas azuis e vermelhas, para diferenciação dos lados dos competidores. Os homens não poderão usar camisa, camiseta ou qualquer outro tipo de vestimenta por baixo do colete. As mulheres poderão usar um top ou camiseta justa por baixo do colete.

Observação: quimonos de Judô, Jiu-jítsu, Caratê ou outras lutas visivelmente adaptados para o *Shuaijiao* não serão permitidos. Apenas coletes (*dalian*), com tecido, medidas e corte dentro dos padrões chineses, próprios para o *Shuaijiao*, poderão ser utilizados. É permitido o uso de estabilizadores articulares de neoprene nos joelhos, tornozelos, cotovelos e ombros.

8.4 DA PONTUAÇÃO

Artigo 4º – Os pontos são concedidos com base na qualidade da execução das técnicas e quedas de *Shuaijiao*. Há quatro pontuações possíveis (nenhum ponto, 1 ponto, 2 pontos ou 3 pontos), os quais serão conferidas da seguinte forma:

- 3 pontos:
  - um competidor consegue fazer que ambos os pés de seu oponente saiam do chão, arremessando-o por cima de seu ombro, levando o corpo dele a tocar o chão, enquanto permanece em pé. O competidor recebe os 3 pontos ainda que seu oponente o puxe para baixo durante a queda.
- 2 pontos:
  - um competidor joga seu oponente, fazendo que o corpo deste toque o chão, sem arremessá-lo por cima de seu ombro, mas permanecendo em pé;
  - o competidor joga seu oponente, fazendo que o corpo deste toque o chão, arremessando-o por cima de seu ombro; o competidor ainda permanece em pé, mas mantém uma das mãos no corpo do oponente, para apoio;
  - um competidor ajoelha-se para jogar seu oponente por cima dos ombros, fazendo que o corpo deste toque o chão. O atacante está ajoelhado, sem tocar o chão com as mãos, a parte superior de seu corpo não caiu sobre o oponente, e permanece equilibrado;
  - o oponente comete uma falta pessoal e recebe um cartão vermelho.
- 1 ponto:
  - a queda faz que a mão, o ombro ou o joelho do oponente toque o chão;
  - a queda faz que o oponente caia no chão, seguido pelo atacante, e este permanece em cima dele;

- ambos os competidores caem no chão simultaneamente, aquele que estiver por cima recebe um ponto;
- o competidor ajoelha-se para jogar seu oponente, fazendo que este caia, mas perde o equilíbrio;
- o oponente comete uma falta técnica e recebe um cartão amarelo.
- Nenhum ponto concedido a qualquer dos lados:
  - nenhum ponto é concedido se ambos os lados caem no chão, mas os juízes são incapazes de determinar quem caiu primeiro ou quem está por cima.

8.5 DOS ATAQUES EFICAZES E INEFICAZES

Artigo 5º – Os ataques serão considerados eficazes e ineficazes pelos seguintes critérios:

- Válidos:
  - quando o movimento executado dentro da área de competição faz que o oponente caia no chão, dentro da área de segurança;
  - quando o atacante pisa na área de segurança após jogar o oponente dentro da área de competição;
  - quando o atacante pisa na área de segurança enquanto seu oponente é derrubado na área de competição;
  - quando a técnica é iniciada antes de soar o sinal de fim do *round*.
- Não válidos:
  - quando o atacante pisa na área de segurança para executar uma técnica que projete o oponente ao chão;
  - quando a queda do oponente se deve ao atacante pisar em seu pé ou agarrar suas calças;
  - qualquer ataque adicional depois de o árbitro ter mandado parar;
  - quando o oponente cai no chão depois de ter o gongo sido soado ou o apito ter sido tocado.

8.6 DAS VIOLAÇÕES

Artigo 6ª – Quando um competidor utilizar movimentos não autorizados pelas regras, o árbitro determinará uma penalidade, de acordo com a gravidade da violação. Violações são divididas em duas categorias, pessoais e técnicas, pelos seguintes critérios:

- Violação pessoal:
  - o emprego de quebramento/chave de articulação para, intencionalmente, machucar o oponente;
  - o emprego de mão, ombro, cotovelo, pé, joelho ou cabeça para atingir o oponente ou agarrar a virilha;
  - o uso do pé para chutar o oponente;
  - usar a perna para chutar ou varrer o oponente acima do meio da metade inferior da perna (panturrilha);
  - empurrar ou pressionar a cabeça, o rosto ou a garganta do oponente, ou agarrar o cabelo do oponente;
  - o uso das duas mãos, simultaneamente, para segurar ou aplicar uma chave na cabeça ou no pescoço do oponente;
  - intencionalmente, cair em cima do oponente após uma queda;
  - fazer que a cabeça do oponente caia diretamente no chão, com intenção de machucá-lo, depois de levantá-lo e ter perdido o controle sobre ele.
- Violação técnica:
  - atacar o oponente antes da ordem de início ou depois da ordem de fim, dadas pelo árbitro;
  - o treinador ou o assistente do competidor interferir na competição ou comandar o competidor dentro da área de competição;
  - o competidor para durante a luta;
  - o competidor pede tempo por causa de uma posição desvantajosa;
  - agarrar as calças do oponente;
  - falta de combatividade;
  - atleta se apresenta para o combate com *Dalian* sujo e malcheiroso ou em condições inadequadas para a competição.

8.7 DAS PENALIDADES

Artigo 7º – Dependendo da gravidade da violação, um competidor pode receber uma repreensão, uma advertência ou ser desqualificado da luta ou de toda a competição.

§ *1º* – Durante a luta, se uma violação ocorre e resulta em uma posição vantajosa para quem a cometeu, a luta será interrompida imediatamente, e as penalidades determinadas de acordo com a violação praticada.

§ *2º* – Se a violação resulta em desvantagem para aquele que a cometeu, a luta continuará até que a manobra esteja completa, com as penalidades determinadas depois.

§ *3º* – Se as duas situações anteriores ocorrerem, aquele que cometeu a violação não receberá pontos se for bem-sucedido em jogar seu oponente, mas o oponente receberá pontos se for bem-sucedido em jogar aquele que cometeu a violação.

§ *4º* – Para uma violação pessoal é dado um cartão vermelho para o infrator.

§ *5º* – Para uma violação técnica é dado um cartão amarelo para o infrator.

§ *6º* – O competidor que receber três cartões amarelos receberá um cartão vermelho.

§ *7º* – O competidor que receber três cartões vermelhos será desqualificado do combate.

§ *8º* – O competidor que ferir intencionalmente seu oponente será desqualificado da competição e seus resultados serão cancelados.

8.8 DO VENCEDOR DO COMBATE

Artigo 8º – É considerado vencedor do combate o atleta que:

- alcançar o maior número de pontos acumulados ao final da luta;
- alcançar a diferença de 10 pontos acima dos pontos do oponente. a luta é interrompida por disparidade técnica em qualquer momento que se alcance essa diferença de pontos;
- o oponente desiste do combate;

- o oponente não tem condições de continuar o combate por decisão do árbitro ou da equipe médica;
- após o empate por pontos, passa pelos critérios de desempate, sendo beneficiado por estes. São os seguintes critérios de desempate que definem o vencedor:
  - cartão vermelho: aquele atleta que tem menos cartões;
  - cartão amarelo: aquele atleta que tem menos cartões;
  - peso: aquele que tem o menor peso;
  - idade: aquele que tem a menor idade;
  - se após estes critérios ainda persistir o empate, utiliza-se um *round* adicional, com o *golden point*.

8.9 DO JULGAMENTO

Artigo 9º – Para o julgamento das competições, haverá um árbitro central, que interromperá a luta após cada queda bem-sucedida e dará a pontuação adequada, indicando, com gestos específicos, os pontos válidos. Em caso de dúvida, consultará o chefe de arbitragem.

8.10 DOS GESTOS DOS ÁRBITROS

Artigo 10º – Durante as competições o árbitro poderá fazer gestos com os seguintes significados:

- duas mãos separadas indicam "Preparar";
- duas mãos cruzadas na frente do corpo indicam "Começar";
- mão direita estendida para a frente, apontando para o competidor, indica "Parar";
- para dar 1 ponto: estender o braço com a palma da mão aberta para o lado do lutador; em seguida, estender o braço na direção da mesa e levantar apenas o dedo indicador;

- para dar 2 pontos: estender o braço com a palma da mão aberta para o lado do lutador; em seguida, flexionar o braço ao lado do corpo e levantar apenas os dedos indicador e médio;
- para dar 3 pontos: estender o braço com a palma da mão aberta para o lado do lutador; em seguida, estender o braço para cima e levantar apenas os dedos indicador, médio e polegar;
- duas mãos cruzadas na frente do corpo, movendo-se abrindo e cruzando novamente indicam nenhum ponto concedido;
- dobrar o cotovelo com a mão aberta sinaliza "Violação técnica";
- dobrar o cotovelo com o punho fechado sinaliza "Violação pessoal";
- o árbitro se situa entre os competidores e levanta a mão do vitorioso para indicar o fim da luta e o vencedor.

8.11 DAS PROIBIÇÕES

Artigo 11º – Os competidores ficam proibidos de portar quaisquer joias ou objetos rígidos (por exemplo: relógios, braceletes, anéis, fivelas de cinto, *piercing* etc.), ter as unhas das mãos compridas, assim como usar qualquer tipo de lubrificante, óleo etc. em qualquer parte do corpo. É proibido usar ataduras, talas, munhequeiras e estabilizadores articulares de punho.

8.12 DISPOSIÇÕES FINAIS

Artigo 12º – Todos os competidores devem obedecer ao presente regulamento. Qualquer indivíduo que ferir intencionalmente seu oponente (pelo uso de técnicas ilegais) irá sofrer desqualificação automática das competições, sem prejuízo de qualquer outra punição de caráter cível ou penal.

REFERÊNCIAS

ARISTÓTELES. *Ética a Nicômacos*. Tradução e notas: Mário da Gama Kury. 4. ed. Brasília: UNB, 2001.

BODHIDHARMA. *The zen teaching of Bodhidharma*. Translated by: Red Pine. New York: North Point, 1989.

BOFF, L. *Ética e moral*. 2003. Disponível em: <http://www.leonardoboff.com/site/lboff.htm>. Acesso em: 02 jul. 2009.

BURKE, P.; HSIA, R. *Po-chia*. A tradução cultural nos primórdios da Europa Moderna. São Paulo: Unesp, 2009.

CAIGER, J. G.; MASON, R. H. P. *A history of Japan*. 15. ed. Tokyo: Charles E. Tuttle Company, 1989.

CASTRO, A. M. *Introdução ao pensamento sociológico*. 4. ed. Rio de Janeiro: Eldorado Tijuca, 1976.

CHOW, D.; SPANGLER, R. *Kungfu*: history, philosophy and technique. 2. ed. Burbank, USA: Unique Publications, 1982.

CHUNG, Y. *The founder of the Chinese race*: Yellow Emperor. Hong Kong, 1997. Disponível em: <http://www.asiawind.com/pub/forum/fhakka/mhonarc/msg00383.html>. Acesso em: 03 nov. 2008.

CONFÚCIO. *Os analectos*. 5. ed. São Paulo, Brasil: Pensamento, 1997.

CUNNINGHAM, S. R. *A brief look at the "root arts" of Judo*. Manchester, CT. 1996. Disponível em: <www.judoinfo.com>. Acesso em: 28 jul. 2009.

DACOSTA, L. (Org.). *Atlas do esporte no Brasil*. Rio de Janeiro: CONFEF, 2006.

DALAI LAMA. *O mundo do budismo tibetano*: uma visão geral de sua filosofia e prática. Rio de Janeiro: Nova Fronteira, 2001.

DONG, Z. *Zhong Guo shuaijiao fa*. Taipei: Lions Book, 2002. ISBN: 9867822072. 佟忠义. 中国摔角法. 台北：逸文，二00二.

FUNAKOSHI, G. *Karate-do*: my way of life. New York: Kodansha International, 1975.

GIRARD, R. et al. *Lições de René Girard na UniverCidade*. Rio de Janeiro: UniverCidade, 2001.

HALL, S. J. *Biomecânica básica*. 3. ed. Rio de Janeiro: Guanabara Koogan, 2000.

JI, F. *Zhongguo Jiao*: shiyongyulian. Beijing: Beijing Tiyu Daxue, 1994. ISBN 9787810037877. 纪富礼。中国跤 - 实用与练。 北京：北京体育大学出版社，一九九四。

KANO, J. *Kodokan judo*. Tokyo: Kodansha International, 1994.

KANO, J.; LINDSAY, T. *Jujutsu*: transactions of the asiatic society of Japan. v. 15. 1887. Disponível em: <http://www.judoinfo.com/kano6.htm>. Acesso em: 28 jul. 2009.

LAO, T. *Tao-Te King*: o Livro do sentido e da vida. 10. ed. São Paulo: Pensamento, 1995.

LI, B. *Jinjiao Xihua*. Beijing: Xinhua, 2004. ISBN: 7501163871. 李宝如。 京跤史话. 北京：新华出版社，二00四。

LI, T.; DU, X. *A guide to chinese martial arts*. Beijing: Foreign Languages, 1991.

LIANG, S.; NGO, T. *Chinese fast wrestling for fighting*: art of sanshou kuai jiao. Massachusetts: YMAA Publication Center, 1997.

MONTENEGRO, A. *História de la China Antigua*. Madrid: Istmo, 1974.

RATTI, O.; WESTBROOK, A. *Segredo dos samurais*: as artes marciais do Japão feudal. São Paulo: Madras, 2006.

ROBERT, L. *O Judo*. Lisboa: Empresa Nacional de Publicidade, 1968.

ROBERTS, J.A.G. *A concise history of China*. Cambridge: Harvard, 1999.

RODNEY, M. *Trainning for warriors*: the ultimate mixed martial arts workout. New York: Collins, 2008.

Samulski, D. *Psicologia do esporte*. São Paulo: Manole, 2002.

Shen, F. *Zhongguo shuaijiao shu*. Beijing: Renmin Tiyu, 2007. ISBN 9787500930396. 沈福康。 中国摔跤术。北京：人民体育出版社，二00七。

Smith, R. W. *Chinese boxing*: masters and methods. 3. ed. Tokyo: Kodansha International, 1983.

Ssu-ma, C. *Records of the grand historian of China*. Translated by: Burton Watson. New York: Columbia University, 1961.

Su, X. L. *Zhongguoshi shuaijiao jiaocheng*. Beijing: Renmin Tiyu, 2004. ISBN: 7500925441. 苏学良。 中国式摔跤教程。 北京: 人民体育出版社, 二00四。

Sun, T. *A arte da guerra*. São Paulo: Record, 1999.

Suzuki, D. T. *The lankavatara sutra*: a mahayana text. Taipei: SMC, 1994.

The Literary Digest. Strenuous athletics in China, including pre-japanese jiu-jutsu. *Journal of Non-lethal Combatives*. Lynnwood. dec. 1999. Disponível em: <http://ejmas.com/jnc/jncart_LitDigest_1299.htm>. Acesso em: 21 abr. 2010.

Weng, C. *Fundamentals of shuai chiao*: the ancient Chinese fighting art. Ohio, USA: ISCA, 1984.

Wu, B.; Li, X.; Yu, G. *Essentials of chinese wushu*. 3. ed. Beijing: Foreign Languages, 1992.

Zheng, B. *Chi You's mythology and the miao customs*. Guizhou, 1995. Disponível em: <www.hmongcenter.org>. Acesso em: 16 mar. 2009.

Yang, J. *Muscle/tendon changing and marrow/brain washing chi kung*: the secret of youth. Boston: YMAA Publication Center, 1989.

Yu, G. *Wushu exercise for life enhancement*. Beijing: Foreign Languages, 1991.

APÊNDICE

QUADRO CRONOLÓGICO DA CHINA E OS NOMES DO *SHUAIJIAO*

600.000 a.C. 150.000 a.C.	Paleolítico Inferior	*Sinantropus schukutiensis*	As técnicas de lutas não eram treinadas, tampouco existiam.
150.000 a. C. 25.000 a.C.	Paleolítico Superior	*Homo Sapiens* mongoloide	
25.000 a.C. 4.000 a.C.	Mesolítico	Etnia mongol	
4.000 a.C. a 1.700 a.C.	Neolítico	Culturas Yangshao e Lungshang Época pré-dinástica (2852 a 2205) Governantes míticos: Fu Hsi (Tai Hao) Shen Nung (Yen Ti) Os cinco imperadores: <ul><li>Huang Di</li><li>Shao Hao</li><li>Chuan Hsu</li><li>Ti Ku</li><li>Ti Chih</li></ul>Os patriarcas: <ul><li>Yao</li><li>Shun</li></ul>Dinastia Xia (2205 a 1766) Imperador Yu (2205 a 2197)	*Quanfa* (拳法)

Continua

Continuação

Período	Fase	Dinastia	Sub-período	Modalidade
1.700 a.C. a 500 a.C.	Bronze I	Dinastia *Shang* (1766 a 1025)		*Jiaodi* (角抵)
	Bronze II	Dinastia Zhou Ocidental (1025 a 770: época feudal)		
	Bronze III	Dinastia Zhou Oriental (770 a 441: época dos hegemones)		
500 a 221 a.C.	Ferro	Dinastia Zhou Oriental (441 a 221 – reinos combatentes)		
221 a 206 a.C.		Dinastia Qin: Imperador Qin Shih Huang Ti		*Jiaodi* (角抵) e *Xiangpu* (相扑)
206 a.C. a 220 d.C.		Dinastia Han	Han do Oeste (206 a.C. a 6 d.C.)	
			Wang Mang (9 a 23 d.C.)	
			Han do Leste (25 a 220)	
220 a 265		Três Reinos	Shu (220 a 264)	
			Wu (222 a 280)	
			Wei (220 a 265)	
265 a 420		Dinastia Jin	Jin Ocidental (265 a 316)	
			Jin Oriental (317 a 420)	
420 a 589		Dinastia do Sul e do Norte		
581 a 618		Dinastia Sui		
618 a 907		Dinastia Tang		
907 a 960		Cinco Dinastias		
960 a 1279		Dinastia Song		
1271 a 1368		Dinastia Yuan		*Jiaodi* (角抵), *Bokh* e *Shuaijiao* (摔角)
1368 a 1644		Dinastia Ming		
1644 a 1911		Dinastia Qing		
1911 a 1949		República da China		*Shuaijiao* (摔角)
1949		República Popular da China		*Shuaijiao* (摔跤)

202 ■ INTRODUÇÃO AO *SHUAIJIAO*

SOBRE O AUTOR

Doutor em Educação Física pela Universidade Estadual de Campinas (Unicamp), Mestre em Educação Física pela Universidade Gama Filho (UGF), Pós-graduado em Docência Superior pela Universidade Gama Filho (UGF) e Graduado em Educação Física pelo Centro Universitário da Cidade.

Atuou como professor do curso de Licenciatura e Bacharelado da UGF e do Centro Universitário da Cidade. Também atuou por oito anos na Rede Pública de Ensino da Prefeitura Municipal de Niterói, no Rio de Janeiro, como professor de Educação Física. Atualmente leciona no curso de Licenciatura em Educação Física da Universidade Federal Fluminense (UFF).

É pesquisador do Grupo de Estudos e Pesquisa em Lutas da Faculdade de Educação Física da Unicamp e do Laboratório de Estudos Culturais e Pedagógicos da Educação Física (LECPEF) da Universidade Federal do Vale do São Francisco (Univasf). Desenvolve pesquisas na área da Pedagogia das Lutas, Formação de Professores, Educação Física Escolar e Atividade Motora Adaptada. Em 2013, iniciou seu estágio de pós-doutorado em Pedagogia das Lutas na Unicamp.

É praticante e pesquisador das artes marciais chinesas desde 1984, tendo conquistado títulos nacionais e internacionais. Trabalhou na Confederação Brasileira de Kungfu/Wushu (CBKW) de 2001 a 2011, onde atuou como Assistente Técnico de *Sanshou* (2001-2004), Supervisor Técnico da Seleção Brasileira (2002-2004), Preparador Físico da Seleção Brasileira (2002-2006) e Diretor Técnico do Departamento de *Shuaijiao* (2004-2011). Na CBKW, iniciou um projeto de formação de professores de *Shuaijiao* em nível nacional, ministrando cursos em diversos estados, como São Paulo, Minas Gerais, Ceará, Acre, Piauí, Paraná, Rio de Janeiro e Rio Grande do Sul. Atualmente ministra cursos de formação de professores em *Shuaijiao* pelo Brasil.

Sobre o Livro
Formato: 13,8 x 22 cm
Mancha: 14,2 x 17,8 cm
Papel: Offset 90g
Tiragem: 2.000 exemplares
nº de páginas: 204
1ª edição: 2014

Equipe de Realização
Assistência editorial
Liris Tribuzzi

Assessoria editorial
Maria Apparecida F. M. Bussolotti

Edição de Texto
Gerson Silva (Supervisão de revisão)
Jaqueline Carou (Preparação do original e copidesque)
Roberta Heringer de Souza Villar e Diego Hungria (Revisão)

Editoração Eletrônica
Neili Dal Rovere (Projeto gráfico, capa e diagramação)
Douglas Docelino (Ilustração)

Fotografia
Ricardo Wolf Jordão (Fotógrafo)
Bruno Vieira Salles Burh e Eberhart Portocarrero Gross (Modelos)

Impressão
Edelbra Gráfica